ZUM UMBAU DER DEUTSCHEN WIRTSCHAFT

BETRIEBSPROBLEME DES UNTERNEHMERS

VON

KURT LÖFFELBEIN

19 49

LEIBNIZ VERLAG MÜNCHEN

BISHER R. OLDENBOURG VERLAG

Dipl.-Ing. Kurt Löffelbein, geboren am 11. 6. 1918 in Vetschau.

Druck und Buchbinder: R. Oldenbourg,
Graphische Betriebe G. m. b. H., München.

INHALTSVERZEICHNIS

I. VORWORT

Der zweite Weltkrieg, der furchtbares Elend über so viele Länder und vor allem über große Teile Europas gebracht hat und dessen Auswirkungen in geradezu unvorstellbarer Weise auf Deutschland zurückgeschlagen sind, hat hoffentlich endgültig mit dem Mythos aufgeräumt, daß der Krieg der „Vater aller Dinge" sei. Als nach dem ersten Weltkrieg die amerikanische „Carnegie-Stiftung für den Weltfrieden" in einer Bilanz die gesamten Kriegskosten auf 338 Milliarden errechnete, erklärten die Sachverständigen: „So was kann sich die Menschheit nur einmal in einem Jahrhundert erlauben." Knapp ein Vierteljahrhundert später hat ein neuer Krieg den Reichtum fast einer ganzen Welt, die Werke und Anlagen vieler Generationen zerstört. Auf eine Billion dreihundertzweiundfünfzig Milliarden Dollar hat die Bank für internationale Zahlungen in Basel (BIZ) die Kosten und Verluste für alle kriegführenden Länder des zweiten Weltkrieges errechnet. Man mag es als eine besondere Tragik ansehen, daß bisher offensichtlich nur im Kriege gelungen ist, was in Zeiten friedlicher Arbeit vergeblich angestrebt wurde: Der Einsatz aller wirtschaftlichen Energien, die fast spielende Erreichung der Vollbeschäftigung und die Massierung des technischen Fortschritts. Und doch darf die Welt, dürfen vor allem wir Deutschen es nicht resigniert bei dieser Feststellung bewenden lassen. Wirtschaft und Technik sind nicht dazu da, den Werken der Zerstörung zu dienen, sondern denen des friedlichen Aufbaus, des menschlichen und kulturellen Fortschritts. Es muß auch im Frieden möglich sein, die produktiven Kräfte voll auszunutzen, ein wirtschaftliches Gleichgewicht zu erreichen und ein Höchstmaß des technischen Fortschritts sicherzustellen. Wenn es unserer Zeit schon vorbehalten sein sollte, immer für oder gegen etwas zu „kämpfen", so hat es der Kampf gegen die Arbeitslosigkeit, gegen das Chaos in den Volkswirtschaften und in ihren zwischenstaatlichen Beziehungen und für eine dauerhafte Vollbeschäftigung, für eine dem Fortschritt der breitesten Bevölkerungsschichten dienende Verteilung eines höchstmöglichen Sozialprodukts und für eine allen Nationen in gleichem Maße zugute kommende weltwirtschaftliche Arbeitsteilung zu sein. Auch uns in Deutschland ist in erster Linie diese Aufgabe gestellt, deren Erfüllung für Europa und darüber hinaus für die ganze Welt von nicht zu unterschätzender Bedeutung ist.

Nun sind aber die Voraussetzungen für eine erfolgreiche Bewältigung dieser Aufgaben in keinem Lande der Erde auch nur annähernd so ungünstig wie bei uns. Die sich dabei auf dem politischen Gebiet ergebenden Hemmungen zu beurteilen, ist nicht Absicht und Sache des Verfassers. Hier sei nur von rein wirtschaftlichen und technischen Erwägungen ausgegangen. Aber gerade auch auf dem Gebiet der Wirtschaft und der Technik stehen wir vor einer wahren Sisyphusarbeit. Wenn es sich nur darum handeln würde, unseren wie in keinem anderen Lande zerschlagenen Wirtschaftsapparat wieder aufzubauen, dann wäre das allein schon ein Werk, das von uns beinahe übermenschliche Anstrengungen erfordert. Nun sind wir aber auch noch gezwungen, aus einem Chaos heraus, das uns um viele Jahrzehnte unserer wirtschaftlichen Entwicklung zurückgeworfen hat, gleichzeitig den größten Strukturumbau fast von heute auf morgen durchzuführen, der jemals einer Wirtschaft in so kurzer Frist als Aufgabe gestellt worden ist. Der Weg, den wir vor uns haben, ist so steinig, dornenreich und steil, daß man, selbst wenn man ihn nur teilweise übersieht, an seiner Bewältigung verzweifeln könnte.

Und doch bleibt uns nichts anderes übrig, als ihn zu beschreiten, wenn wir leben wollen. Nichts wäre dabei aber verfehlter, als ihn blind und ohne Überlegung zu gehen. Wir würden dann vielfach in die Irre geraten, dabei wertvolle Kräfte vergeuden und die Erreichung des Zieles, die ohnehin sehr lange Zeit brauchen wird, noch um ein erhebliches verzögern. Das können wir uns unter keinen Umständen leisten. Es kommt deshalb entscheidend darauf an, daß wir unsere Lage und die sich daraus ergebenden Erfordernisse für die Zukunft klar und nüchtern erkennen und diejenigen Methoden wählen, die uns so schnell wie möglich und ohne jede Fehlleitung der noch vorhandenen wirtschaftlichen Kräfte dem Ziel des Wiederaufbaues näher bringen. Eine solche Klarheit über die einzuschlagenden Wege und Methoden zu gewinnen, obliegt nicht etwa nur denen, die künftig mit der Leitung unserer Wirtschaftspolitik betraut sind. Vielmehr muß heute mehr denn je ein jeder, ganz gleich auf welchen Platz in der Wirtschaft er gestellt ist, wissen, was notwendig und zweckmäßig ist und wie das erstrebte Ziel am leichtesten zu erreichen wäre. Vor allem die Unternehmer, Kaufleute und Techniker, von deren Aufbauwillen und Initiative dabei viel abhängen wird, müssen die Zusammenhänge klar erkennen. Ihnen in erster Linie, daneben aber auch jedem, der an den Problemen des wirtschaftlichen und technischen Wiederaufbaues interessiert ist, soll die nachfolgende Schrift einige Hinweise geben. Wir sind uns darüber klar, daß diese Hinweise keineswegs vollständig sind und daß man auch über einige der in der Wiederaufbauarbeit einzuschlagenden Methoden anderer Ansicht sein kann, glauben aber, daß unsere Darlegungen zumindestens als Diskussionsgrundlage zur Klärung einiges beizutragen vermögen. Unsere Hinweise beziehen sich einmal auf eine Erkenntnis der wirtschaftlichen Strukturverhältnisse in der Zukunft und die sich daraus herleitenden wirtschaftspolitischen Forderungen, zum anderen behandeln sie unter betriebswissenschaftlichen Gesichtspunkten die Probleme einer überlegten Planung und eines einsichtigen Handelns in technisch-wirtschaftlicher Beziehung. Dabei verstehen wir unter Betriebswissenschaft nicht jene Lehre, wie sie auf den deutschen technischen Hochschulen gelehrt wird, sondern eine Betriebswissenschaft im weiteren Sinne der angelsächsischen Abgrenzung des Begriffs, bei der alle technisch-wirtschaftlichen Momente mit einbezogen werden. Unser Ausblick mag manchem, der sich noch nicht die Mühe gemacht hat, das Dunkel unserer wirtschaftlichen Zukunft zu durchdringen, als ziemlich hoffnungslos erscheinen. Und doch haben wir trotz nüchterner Abwägung der zu überwindenden Schwierigkeiten und Hemmungen die feste Zuversicht, daß das große Werk des Wiederaufbaues unserer Wirtschaft schneller, als man es vielleicht heute erwarten mag, gelingen kann, wenn alle, in deren

Hand diese Aufgabe letzten Endes gelegt ist, mit gutem Willen, Tatkraft und Überlegung ans Werk gehen. Die Wirtschaftsgeschichte lehrt uns, daß die Regenerationskraft der Wirtschaft außerordentlich hoch sein kann, sofern nur alle unnützen Umwege und Fehlleitungen der Produktivkräfte vermieden und die Grundgesetze der Wirtschaft und der Wirtschaftlichkeit eingehalten werden. „England konnte schon in den ersten Jahrzehnten nach dem Verlust seiner reichsten Kolonie (Nordamerika) und nach den schweren Schäden, die die napoleonischen Kriege ihm ohne Kriegskostenentschädigung zufügten, ein sicheres Fundament für seinen späteren märchenhaften Aufstieg legen. Die Vereinigten Staaten von Amerika wurden in den Sechzigerjahren durch den vierjährigen Bruderkrieg — den ersten totalen Krieg — an den Rand des Abgrunds gebracht. Ein halbes Menschenalter später verfügten sie über ein Vielfaches dessen, was sie vor dem Krieg besessen hatten. Frankreich hatte sich Ende der Siebzigerjahre schon völlig erholt von der Niederlage, die ihm die Jahre 1870/71 zugefügt hatten. Rußland hat niemals in seiner Geschichte innerhalb kurzer Zeit so glänzende wirtschaftliche Fortschritte gemacht wie von 1905, dem Jahr des demütigenden Friedensschlusses mit Japan, bis 1914. Aber in all diesen Fällen waren Sieger und Besiegte bemüht, das Ineinandergreifen der Einzelwirtschaften innerhalb der eigenen Grenzen und über diese Grenzen hinaus auf freiheitlicher Grundlage zu fördern; Politiker und Politikaster waren noch nicht von dem Ehrgeiz besessen, die freie Entschlußkraft der einzelnen Menschen in einem Dickicht von Paragraphen zu ersticken."(Prof. Dr. Adolf Weber, „Europas Stellung in der Weltwirtschaft"). Welcher enormen Energien moderne arbeitsteilige Volkswirtschaften fähig sind, hat sich gerade im letzten Kriege bei allen kriegführenden Länder erwiesen. Warum sollte es nicht möglich sein, diese Energien mit mindestens gleichem Erfolg für die friedliche Aufgabe der wirtschaftlichen Existenzsicherung und einer langsam wieder ansteigenden Wohlfahrt unseres Volkes zu mobilisieren?

München, im Sommer 1948.

Der Verfasser.

II. DIE VOLKSWIRTSCHAFTLICHEN GRUNDLAGEN DES WIEDERAUFBAUS

In der Gegenwart, in der wir einen verzweifelten Kampf um die Erhaltung unserer wirtschaftlichen Existenz kämpfen, in der fast alle Maßnahmen lediglich der Organisierung unserer Not dienen und von planvollem Wiederaufbau in den seltensten Fällen die Rede sein kann, ist nichts so wichtig, wie auf Grund einer nüchternen Bilanz Klarheit über die Aufgaben zu gewinnen, die der deutschen Wirtschaft in der Zukunft gestellt sind. Denn in dem Ringen mit der Fülle der Widerwärtigkeiten des Tages geht leicht die große Linie verloren, die uns allein den rechten Weg zum Wiederaufbau finden läßt.

A. Änderung des Produktionszieles

Können wir einfach dort wieder anknüpfen, wo der Faden der früheren Wirtschaftsentwicklung abgerissen ist, oder sind wir durch den Zusammenbruch gezwungen, ein völlig neues Fundament unseres künftigen Wirtschaftsgebäudes zu legen? Die Beantwortung dieser Frage entscheidet zugleich darüber, ob das, was wir heute tun und unterlassen, richtig oder falsch ist. Sie geht nicht nur die wirtschaftliche Führung an, sondern letzten Endes jeden einzelnen Unternehmer, Techniker und Kaufmann. Wer heute in der praktischen Wirtschaft steht, wird täglich und stündlich die Erfahrung machen, daß auch beim besten Willen und beim Einsatz aller Energien dem Wiederaufbau enge Grenzen gesetzt sind. In den Einzelzellen der Wirtschaft, den Betrieben, stößt man immer wieder auf diese Grenzen, und nie gekannte Schwierigkeiten auf allen Gebieten machen es verständlich, daß die auf den Wiederaufbau gerichteten Energien nicht selten erlahmen.

Niemals ist dem Unternehmer, dem Techniker und Kaufmann so sehr wie heute zum Bewußtsein gekommen, was es auch für den Einzelbetrieb bedeutet, das Glied einer modernen arbeitsteiligen Wirtschaft zu sein, die völlig aus dem Geleise geraten ist, und wie sehr es darauf ankommt, durch richtige und zweckmäßige Organisierung des volkswirtschaftlichen Zusammenspiels auch die Grundlagen für ein Funktionieren des einzelnen Betriebs sicherzustellen. Wenn auch die Einstellung manchen Unternehmers, sich nur um die Dinge seines eigenen Betriebs zu kümmern und Gesamtwirtschaft und Politik sich selbst zu überlassen, begreiflich erscheint, so ist sie doch, auch vom Standpunkt des Einzelbetriebes aus gesehen, niemals so falsch gewesen wie heute. Die vielen Maßnahmen, die auf das Ziel der technischen und wirtschaftlichen Wiederaufrichtung leistungsfähiger Betriebe gerichtet sind, werden sich erst im Rahmen der künftigen Gesamtentwicklung unserer Wirtschaft als richtig oder verkehrt erweisen. Der rationelle Wiederaufbau im Betrieb muß also damit beginnen, daß Unternehmer, Techniker und Kaufleute die Zeichen unserer Zeit rechtzeitig erkennen, daß sie aus einer Schau des Ganzen heraus auch die auf die Dauer besten Wege zu einem Erstarken des eigenen Betriebs finden.

Strukturwandlung der deutschen Wirtschaft. Das Wirtschaftsziel des Nationalsozialismus war darauf gerichtet, zu einer möglichst weitgehenden Autarkie zu gelangen. Unter Mißachtung einer gesunden weltwirtschaftlichen Arbeitsteilung wurden mit allen Mitteln nationale Produktionen emporgezüchtet. Der Zusammenhang mit der Weltwirtschaft wurde systematisch eingeschränkt, Einfuhr und Ausfuhr einer immer umfassenderen neomerkantilistischen Wirtschaftspolitik unterworfen, wozu die totale Devisenbewirtschaftung jede Möglichkeit bot. Innenwirtschaftlich wurden alle Produktivkräfte, seien es Arbeitskräfte, Rohstoffe, Anlagen und Geldkapitalien, systematisch in den Dienst der Autarkie gestellt, die wiederum zur imperialistischen Beherrschung fast ganz Europas geführt haben. Das natürliche Gefüge der Preise und Kosten der Wirtschaft wurde zugunsten der einseitigen Ausrichtung auf Autarkie und Rüstungspotential mehr und mehr durchbrochen, wobei durch ein umfassendes Subventionssystem, wie Metallförderprämien, Wirtschaftlichkeitsgarantieverträge usw., wachsende Lasten der Allgemeinheit der Steuerzahler und den Sparern aufgebürdet wurden. Als schließlich mit zunehmender Verknappung der Rohstoffe und Nahrungsmittel die Grenzen einer solchen Politik doch erkennbar waren, ergab sich durch den Krieg die Notwendigkeit zu einer Beherrschung des gesamten europäischen Wirtschaftsraumes, um damit die sich als unmöglich erwiesene deutsche Autarkie durch eine europäische Autarkie zu ersetzen.

Alle diese Träume sind nun ausgeträumt. Die verheerenden Folgen des Krieges zwingen unsere künftige Wirtschaft zu einer radikalen Umstellung. Wir können dabei nicht einmal mehr an das anknüpfen, was vor der nationalsozialistischen Revolution war. Für alle unsere wirtschaftlichen Entschließungen, bis zu den letzten Entscheidungen im Einzelbetrieb herab, ist es notwendig, dies mit aller Klarheit zu sehen. Das künftige Deutschland, das aus dem demnächst zur Verhandlung stehenden Friedensvertrage hervorgehen wird, ist in einem Maße mit der Weltwirtschaft verbunden, wie es in der deutschen Wirtschaftsgeschichte noch niemals vorhanden war. Eine Bevölkerung von 68 bis 70 Millionen Menschen (auf dem Gebiet der 4 Besatzungszonen — wobei das Saargebiet noch zu Deutschland gerechnet ist) muß auf einem zusammengedrängten Raum von rund 356 000 Quadratkilometer ernährt und produktiv beschäftigt werden, dem nicht nur reiche landwirtschaftliche Überschußgebiete, sondern auch wichtigste Rohstoffquellen verlorengegangen sind. Im restlichen Deutschland müssen im Durchschnitt 200 Menschen auf dem qkm leben, in den dicht besiedelten nordwestdeutschen Bezirken sogar 220 auf dem qkm[1]). Deutschland wird also künftig neben Belgien (265 auf dem qkm), England (264) und den Niederlanden (232) zu den dichtest besiedelten Ländern

[1]) Vor dem zweiten Weltkrieg lebten auf demselben Gebiet etwa 168 Menschen auf dem qkm und im sogenannten Altreichsgebiet 124 im Jahre 1910, 134 1925, 140 1933 und 147 Menschen auf dem qkm 1939.

Europas und damit der ganzen Welt gehören, wenn man von Ägypten, Franz.-Indien und einigen kleineren Inselgebieten absieht. Nach der Berufszählung von 1939 waren nur 26% der Erwerbspersonen und 18,1% der Berufszugehörigen in der Landwirtschaft untergebracht, während in Industrie und Handwerk allein rund 40,2% der Erwerbspersonen und 41,1% der Berufszugehörigen tätig waren. 17,5% bzw. 15,8% entfielen auf die Gruppe Handel und Verkehr, 10,4% bzw. 10% auf den öffentlichen Dienst und private Dienstleistungen und 3,9 bzw. 2% auf häusliche Dienste, während die restlichen Berufszugehörigen selbständige Berufslose waren. Nach einer Untersuchung des Instituts für Weltwirtschaft in Kiel[2]) trägt auch die soziale Struktur der 10—12 Millionen Flüchtlinge aus den Ostgebieten und Südosteuropa einen ausgeprägt städtischen und gewerblichen Charakter, denn auf die Berufszugehörigen der Land- und Forstwirtschaft kommt nur ein Anteil von etwa 30%, während auf die überwiegend städtischen Berufe rund 65% entfallen. Es ist festgestellt worden, daß die deutsche Landwirtschaft auch bei größtmöglicher Aufteilung des Großgrundbesitzes, bei umfangreichster Siedlung auf Öd- und Waldland und bei in Zukunft stark vermehrtem Hackfrucht- und Gemüseanbau im besten Falle 1 Million der landwirtschaftlichen Flüchtlinge in den uns verbliebenen Gebieten seßhaft machen kann. Die Gesamtzahl der stark überwiegenden bisher gewerblich tätigen Flüchtlinge und Ausgewiesenen und dazu noch mehrere Millionen bisher in der Landwirtschaft tätiger Flüchtlinge müssen künftig in der gewerblichen Wirtschaft Brot und Arbeit finden.

Notwendigkeit einer hohen Exportquote. Es liegt auf der Hand, daß dies nur auf der Grundlage einer bisher nicht gekannten hohen Exportquote möglich sein kann. In einer sehr gründlichen Arbeit „Ernährung und Außenhandel" hat Wilhelm Hochgrassl, Hamburg, errechnet, daß bei normaler Erzeugung, wie sie gegenwärtig infolge jahrelangen unzu-

[2]) „Das deutsche Flüchtlingsproblem in seinen wirtschaftlichen und sozialen Zusammenhängen", ausgearbeitet im Auftrag des Deutschen Caritasverbandes e. V., Freiburg im Breisgau.

reichenden Bodenhaushalts und mangelhafter Düngung noch nicht gegeben ist, und unter Zugrundelegung eines Mindestkalorienbedarfs von 2500 Kalorien täglich in der deutschen Ernährungswirtschaft ein ungedeckter Fehlbedarf von 4 Millionen t Brotgetreide, 10 Millionen t Futter- und Industriegetreide und 368000 t Fett oder 800000 t Ölsaaten vorhanden ist. Um ihn zu decken, brauchen wir eine Nahrungsmitteleinfuhr von allein 254 Millionen Pfd. Sterling im Jahr. Legen wir für die Umrechnung in Deutsche Mark den intervalutarischen Kurs zugrunde, der nach dem amerikanischen Währungsgutachten für die nächste Zukunft vorgesehen ist, nämlich 1 DM für 30 Dollarcents und 12 DM für das Pfund Sterling, dann ergibt sich allein für diese unentbehrliche deutsche Nahrungsmitteleinfuhr ein Devisenbedarf im Gegenwert von 3,05 Milliarden DM[3]).

Es ist schwer, sich ein einigermaßen zutreffendes Bild über den künftigen Bedarf an ausländischen Rohstoffen und halbfertigen Waren zu machen. Im Höhepunkt nach dem ersten Weltkrieg betrugen die Importe in dieser Kategorie im Jahre 1928 rd. 7,24 Milliarden RM. 1930 waren es nur 5,8 Milliarden RM, 1931 3,54 und 1932 und in den folgenden Jahren rd. 2,5 Milliarden RM. Hierüber vermitteln im einzelnen die Tabellen einen breiteren Überblick.

Selbst wenn wir davon ausgehen, daß die Versorgung mit ausländischen Rohstoffen für die Fertigung des inländischen Bedarfs außerordentlich knapp gehalten wird, so wird doch der unerläßliche Rohstoffbedarf für den deutschen Export schon einen beträchtlichen Umfang haben müssen, wenn man die vermehrte Zahl deutscher Menschen auf verengtem Raum beschäftigen will, zumal die erheblichen Rohstoffreserven, die jede normal arbeitende Volkswirtschaft braucht, uns zunächst überhaupt nicht zur Verfügung stehen und jedenfalls zu einem größeren

---

[3]) Diese Berechnung ist keineswegs zu pessimistisch, andere Wirtschaftsgelehrte sind zu noch erheblich höheren Zahlen gelangt, so u. a. Helf. Hartmann in der „Wirtschaftszeitung", Stuttgart, vom 3. 1. 1947, und Dr. W. Bauer in „Europa-Archiv", Frankfurt, Folge 6/7 1948.

1. Gewerbliche Rohstoffe und Halbwaren

Deutsche Einfuhrwaren	Deutsche Einfuhr in Millionen RM.				Deutsche Einfuhr in Prozenten des Welthandel			
	1929	1932	1936	1937	1929	1932	1936	1937
Wolle und andere Tierhaare (roh, gekrempelt)	739,5	236,4	229,4	285,2	20	21	15	15
Baumwolle (gekämmt usw., auch Abfälle)	814,7	291,3	257,7	275,1	14	14	12	8
Flachs, Hanf, Jute (gekämmt usw., auch Abfälle	181,9	57,0	81,1	112,6	23	25	26	33
Felle zu Pelzwerk, roh	259,8	86,3	36,8	44,0	31	35	13	14
Sonstige Felle und Häute	324,1	106,3	140,6	192,5	21	25	24	24
Federn und Borsten	69,9	25,2	29,6	40,5	44	40	42	45
Bau- und Nutzholz	386,1	69,8	156,8	194,5	13	8	16	14
Holz zu Holzmasse	97,8	25,5	49,7	45,8	50	44	66	46
Gerbhölzerrinden und -auszüge[4])	31,0	20,0	17,9	24,8	15	20	19	23
Harz, Kopale, Schellack, Gummi	60,9	17,3	20,8	21,3	14	14	15	13
Kautschuk, Guttapercha, Balata	106,4	20,4	66,2	117,5	6	9	9	9
Braunkohlen	42,8	16,1	15,2	15,0	76	81	83	83
Steinkohlenteeröle, Mineralöle	401,3	166,7	207,0	238,5	9	7	9	8
Mineralphosphate	28,2	10,7	24,2	21,2	25	17	31	28
Eisenerze, Schwefelkies	350,4	67,3	184,3	246,5	69	51	72	70
Kupfererze	32,0	6,5	9,6	20,3	18	19	27	32
Manganerze	21,5	4,4	7,4	20,0	19	22	18	26
Kupfer, roh, alt, Legierungen	403,9	95,6	87,7	174,6	21	25	16	16
Zink, roh, alt, Legierungen	71,0	20,8	13,8	17,8	29	27	16	12
Thomasphosphatmehl[5])	50,7	21,8	12,3	15,3	30	26	19	19

[4]) Welthandel: auch synthetische Gerbstoffe.

[5]) Welthandel: auch Superphosphat.

2. Gewerbliche Fertigwaren

Deutsche Einfuhrwaren	Deutsche Einfuhr in Millionen RM.				in Prozenten des Welthandels			
	1929	1932	1936	1937	1929	1932	1936	1937
Kunstseiden- und Florettseidengarn	98,7	51,8	32,4	24,5	18	19	15	9
Garn aus Wolle u. a. Tierhaaren	187,8	40,0	27,7	28,4	23	15	11	11
Garn aus Baumwolle	185,0	48,1	45,2	48,1	15	10	11	10
Garn aus Flachs, Hanf, Jute u. dergl.	42,0	12,3	17,7	20,7	19	16	26	25
Leder	84,2	31,0	25,8	31,2	8	8	8	8
Pelze und Pelzwaren	84,4	38,6	25,1	26,7	16	20	18	17

Teil wieder aufgefüllt werden müssen. Mit einer Einfuhr an Rohstoffen und halbfertigen Waren von weniger als 5 Milliarden DM jährlich werden wir deshalb auch bei äußerster Einschränkung der inländischen Bedarfsdeckung kaum auskommen können. Selbst wenn wir künftig ganz auf eine Fertigwareneinfuhr verzichten, die 1928 rd. 2,46 Milliarden RM, 1930 1,99 Milliarden und 1943 nur noch 0,82 Milliarden RM betrug, und die aus handelspolitischen Gründen in bescheidenem Umfang auch künftig kaum zu umgehen sein wird, und wenn wir für einige Genußmittel, wie Obst, Südfrüchte, Kaffee, Tee, Kakao, Fische, Gewürze usw. nur einen geringfügigen Einfuhrbedarf von 25 Millionen Pfd. Sterling oder 400 Millionen DM jährlich ansetzen (selbst im Krisenjahr 1932 lag die Einfuhr dieser Produkte erheblich höher), wird sich die künftige Gesamteinfuhr im reinen Warenverkehr nicht sehr wesentlich unter 10 Milliarden DM jährlich halten können, unter der Voraussetzung, daß sich

am internationalen Preisgefüge nichts ändert. Ein Preisanstieg wie 1946 und 1947 ist allerdings kaum mehr zu erwarten, eher ein leichtes Absinken. Wie unbefriedigend sich die Ausfuhr im ganzen und in ihrer Zusammensetzung bis 1947 gestaltet hat ist bekannt.
Nun muß man danach streben, die Ausfuhr zum überwiegenden Teil in hochveredelten Fertigwaren zu leisten, und es sind dafür von deutscher Seite für das erste ERP.-Jahr besonders anerkennenswerte Vorschläge ausgearbeitet worden, die auch einen Plan für die regionale Aufteilung des Exportvolumens der Doppelzone enthalten. Danach würden die Marshallplan-Länder mit ihren Kolonien zusammen 85% der Ausfuhr beziehen und 37,2% der Einfuhr liefern. Die USA. wären mit 7,6% an der Ausfuhr und mit 16% an der Einfuhr beteiligt. Die Länder, die am ERP. nicht teilnehmen, würden mit 6,6% an der Ausfuhr und mit 11,5% an der Einfuhr beteiligt sein. Die deutschen Vorschläge wurden in Paris beraten und zum guten Teil angenommen.

Erheblich verschlechterte Zahlungsbilanz. Das bedeutet aber, daß die deutsche Ausfuhr noch erheblich über dem Betrag dieses Mindesteinfuhrbedarfs liegen muß. Man darf nicht übersehen, daß durch den deutschen Zusammenbruch und seine Folgen die deutsche Zahlungsbilanz eine wesentliche Verschlechterung erfahren hat. Allein die deutsche Seeschiffahrt hat in den Jahren geringen Außenhandels 1933 bis 1935 Frachteinnahmen von 350 Millionen RM und Einnahmen aus dem Passagiergeschäft von 75 Millionen RM, dazu noch sonstige Einnahmen von 30 bis 35 Millionen RM, zusammen also 460 Millionen RM gebracht. Wenn man davon ihre Auslandsausgaben von rd. 200 Millionen RM absetzt, verbleiben noch Aktivüberschüsse in der Zahlungsbilanz von 260 Millionen RM. Der Transitverkehr ergab ein Plus von 70 bis 90 Millionen RM, der Reiseverkehr rd. 200 Millionen RM. Künftig wird es keine deutsche Seeschiffahrt mehr geben, es fallen also nicht nur ihre Zahlungsüberschüsse fort, sondern wir werden für einen wesentlich größeren Außenhandel als unter dem Nazisystem

Die Ausfuhr der Bizone

Prozentanteile der Warengruppen 1928 bis 1947

	Deutsches Reich				Bizone
	1928	1932	1935	1937	1947
Güter der Ernährungswirtschaft	6,4	4,3	2,3	1,6	2,7
Rohstoffe und Halbwaren	21,3	17,5	17,6	16,1	84,4
Bergbau- und Hüttenerzeugnisse . . . . . . Steine und Erden . . . . Chem. Rohstoffe und Halbwaren	13,4	11,9	13,7	14,5	64,6
Andere Rohstoffe und Halbwaren	7,9	5,6	3,9	1,6	19,8
Nichtmetallische Fertigwaren	38,2	38,8	39,0	35,5	7,1
Garne, Gewebe, Bekleidung	13,4	11,0	8,9	9,1	1,5
Leder, Leder- und Pelzwaren	5,6	4,1	3,3	2,1	0,1
Holzwaren, Papier, Papierwaren, Bücher.	4,3	5,1	4,7	4,3	0,2
Chemische Erzeugnisse, Waren aus Wachs, Fetten, Kautschuk und Zelluloid	9,8	12,7	15,5	13,7	1,8
Keramik, Glas, Optik . .	2,8	3,1	4,0	3,7	3,4
Nicht anderweitig genannte Fertigwaren. .	2,3	2,8	2,6	2,6	0,1
Metallische Fertigwaren .	34,1	39,4	41,1	46,8	5,8
Waren aus NE-Metallen .	4,1	4,4	5,0	4,5	0,1
Walzwerkserzeugnisse aus Eisen.	4,6	4,6	6,4	7,4	1,5
Eisen-, Stahl- und Blechwaren	7,2	8,0	8,7	10,2	
Fahrzeuge und Ersatzteile	1,4	1,1	2,6	4,4	1,6
Maschinen	9,5	12,9	10,4	12,4	1,8
Elektrotechnische Erzeugnisse	4,0	5,6	4,8	4,8	0,4
Feinmechanik, Uhren, . . Musikinstrumente, Spielzeug	3,3	2,8	3,2	3,1	0,4
Gesamtausfuhr	100,0	100,0	100,0	100,0	100,0

noch umfangreiche Devisenmengen für die Benutzung fremder Schiffe zu zahlen haben. Da die östlichen und südöstlichen Staaten weitgehend in den Großwirtschaftsraum der Sowjetunion eingegliedert sind oder werden, dürften auch die Einnahmen aus dem Transitverkehr wesentlich hinter den früheren zurückbleiben. Auch als Reiseland wird Deutschland bei dem Umfang unserer Stadtzerstörungen nicht mehr entfernt die frühere Anziehungskraft ausüben, so daß auch dieser Aktivposten unserer Zahlungsbilanz stark zusammenschmelzen muß. Unsere Versicherungsbilanz wird nach dem Verlust unseres Auslandsgeschäfts erheblich passiv werden, vor allem in der Transport- und Rückversicherung. Da schließlich auch die Auswanderung aus Deutschland bei der zu erwartenden hohen strukturellen Arbeitslosigkeit im Rahmen der vorhandenen Aufnahmemöglichkeiten relativ hoch sein wird, muß selbst eine bescheidene Kapitalsmitnahme der Auswanderer unsere Zahlungsbilanz belasten.

Dazu kommt eine wesentliche Anspannung unserer Zahlungsbilanz von der Kapitals eite her. Die alte Auslandsverschuldung aus der Zeit vor dem Kriege beträgt immer noch 9 bis 10 Milliarden RM mit Zinslasten zwischen 400 und 500 Millionen RM, wovon noch 1938 250 Millionen RM Zinsen gezahlt worden sind. Im Kriege sind nun aber umfangreiche neue Auslandsschulden entstanden. Allein bei der Deutschen Verrechnungskasse sind 20 Milliarden Clearingschulden aufgelaufen, davon 8,5 Milliarden gegen Frankreich und 5 Milliarden gegen Belgien. Kapitalisierte Clearingschulden machen zusätzlich 9 Milliarden RM aus. Da nach den Militärgesetzen unsere Schulden gegenüber Österreich, dem Sudetenland, dem Memelland, Danzig, Eupen und Malmedy usw. als Auslandsschulden anzusehen sind, denen sich noch ungeregelte kommerzielle Schulden aus den ehemals von uns besetzten Gebieten hinzugesellen, gelangt man zu dem Ergebnis, daß unsere Gesamtverschuldung gegenüber dem Ausland, die in den künftigen Friedensverträgen zu regeln ist, sich auf etwa 50 bis 60 Milliarden beläuft. Selbst wenn man diese Schulden bei vorübergehender Stillhaltung nur mit einem Satz von 5% verzinsen und tilgen würde, ergäbe sich daraus ein jährlicher Devisenaufwand von $2^1/_2$ bis 3 Milliarden DM.

Unter Berücksichtigung unserer bedeutend verschlechterten Zahlungsbilanzlage müßten wir also über den notwendigsten Einfuhrbedarf an Nahrungsmitteln, Rohstoffen usw. hinaus noch einen Aktivsaldo unserer Handelsbilanz von mindestens 3 bis 4 Milliarden DM erzielen, um die Zahlungsbilanzsalden zu unseren Lasten zu decken, d. h. wir müßten eine Ausfuhr von 13 bis 14 Milliarden DM erreichen, ohne daß uns dadurch die Möglichkeit gegeben wäre, unsere vernichteten Gold- und Devisenreserven auf ein bescheidenes Maß wieder aufzufüllen, was nötig wäre, um nicht intervalutarisch ständig von der Hand in den Mund zu leben. Mit solchen Beträgen sind auch noch keineswegs die Schulden getilgt, die wir für die notwendigste Lebensmitteleinfuhr seit der Besetzung den Besatzungsmächten gegenüber gemacht haben[6]). Vor allem aber ist in einer solchen riesigen Ausfuhr, wie sie den Höchststand der deutschen Ausfuhr nach dem ersten Weltkrieg erreicht — und das in einem verarmten Deutschland mit weitgehend zerstörtem Produktionsapparat —, noch nicht ein Pfennig an laufenden Reparationen enthalten, wie sie uns möglicherweise in den Friedensverträgen noch auferlegt werden. Wie Deutschland mit seiner künftigen Ausfuhr neben der Deckung der genannten Passivposten seiner Zahlungsbilanz überhaupt noch laufende Reparationen aufbringen soll, vermag niemand zu sagen.

Diese wenigen Zahlen zeigen die ganze Schwere des Strukturwandels der deutschen Wirtschaft, dem sich schließlich kein Betrieb auf die Dauer entziehen kann. Die Quote der

---

[6]) Lawrence Wilkinson, der Direktor der Wirtschaftsabteilung der amerikanischen Militärregierung, gab Zahlen bekannt, die die Nahrungsmittelvorschüsse an die Bizone betreffen und wieder zurückerstattet werden müssen. Sie betragen für 1945/46 295,5 Millionen Dollar, für 1947 516,5 Millionen Dollar und für 1948 750 Millionen Dollar. Zu dieser Verschuldung aus Lebensmittelimporten kommt noch der gestundete Kaufpreis für die von der Bizone übernommenen US-Army-Surplus-Bestände, der auf 236 Millionen Dollar geschätzt wird. Insgesamt beläuft sich die Summe auf 1798000000 Dollar („Neue Zeitung“ 25. 1. 1948).

deutschen Ausfuhr an der Inlandsproduktion stellte sich im Jahre 1928 auf 18,8%, 1938 nur noch auf 10,4%. Sie muß künftig ein Mehrfaches dieser Sätze ausmachen, wenn Deutschland noch existieren und Nahrung und Beschäftigung für die in ihm zusammengedrängten Menschen finden soll. Rechnet man einmal die Exportquote pro Kopf der Bevölkerung aus, so ergibt sich, daß nach dem Stande von 1933 Belgien mit einem Export von rd. 200 RM pro Kopf an der Spitze aller Länder stand, dicht gefolgt von England mit 190 RM, der Schweiz mit 160 RM, den Niederlanden mit 158 RM, Norwegen mit 140 RM und Schweden mit 130 RM je Kopf und Jahr. Damals betrug die deutsche Exportquote nur 74 RM je Kopf und Jahr und lag damit sogar noch unter derjenigen eines ganz dünn besiedelten Agrarlandes wie z. B. Litauen. Künftig muß Deutschland, wenn es leben will, eine Exportquote wie die Belgiens mit 200 DM je Kopf mindestens erreichen und im Falle eines Auferlegens laufender Reparationslasten sogar noch wesentlich überschreiten. Es muß, gemessen an seiner Bevölkerung, den relativ größten Export der Welt erzielen. Wird ihm diese Möglichkeit nicht gegeben, dann

Bevölkerungsdichte und Außenhandelsquote

Land	Einwohner je qkm um 1940	Außenhandel je Kopf der Bevölkerung in RM: Einfuhr 1929	1932	1937	Ausfuhr 1929	1932	1937
Deutschland (Altreich)	147	210	72	81	211	88	87
Österreich	79	289	106	101	194	58	84
Belgien-Luxemburg	274	499	223	220	446	205	245
Dänemark	90	545	243	241	514	239	226
Frankreich	75	228	116	102	196	76	58
Großbritannien . .	273	495	207	248	325	116	136
Niederlande	268	597	272	247	431	177	183
Norwegen	9	427	182	273	298	150	173
Schweden	14	328	145	215	330	119	202
Schweiz	103	534	341	246	414	152	175
Vereinigte Staaten	17	147	43	57	175	52	63
Japan	191	84	34	47	79	31	42

müssen Millionen deutscher Menschen in Hunger und Erwerbslosigkeit verkommen oder auswandern. Das ist die Lage, auf die sich die gesamte deutsche Wirtschaft und damit letzten Endes jeder einzelne Betrieb von vorneherein einstellen muß. Je früher und nachdrücklicher er dies tut, um so größer sind die Chancen für seinen künftigen Bestand.

Verengter Weltmarkt. Die Schwierigkeiten, die einem solchen großen Export entgegenstehen, vor allem dann, wenn der erste große Warenhunger der Welt nach dem Kriege gestillt, wenn also die Konkurrenz einer gesteigerten Erzeugung an Friedensgütern bei stärker gesättigten Inlandsmärkten am Weltmarkt beträchtlich sein wird, werden ungewöhnlich groß sein. Sie werden weltwirtschaftlich überhaupt nur dann überwunden werden können, wenn überall ohne Rücksicht auf eine im Kriege schon enorm gewachsene Staatsverschuldung die Politik der Vollbeschäftigung bis zur letzten Konsequenz unter Einsatz zusätzlichen Staatskredits in den großen Ländern durchgeführt wird.
Dabei ist zu berücksichtigen, daß sich in der ganzen letzten Zeit und vor allem durch den Krieg die Struktur des Weltmarktes gründlich geändert hat. In weiteren Teilen der Welt hat mit dem Vordringen der Einflußsphäre des sowjetischen Wirtschaftssystems die freie Verkehrswirtschaft als Wirtschaftsform weitgehend zu bestehen aufgehört. Das gilt für Polen, Lettland, Estland und Litauen, Finnland, die Tschechoslowakei, Rumänien, Ungarn, Jugoslawien, Bulgarien und Albanien, für einen Teil des Nahen Ostens usw. Solange die Wirren in China und der Mandschurei fortdauern, wird auch dieses Gebiet ausfallen. Ein anderer Teil des Weltmarktes hat seine Struktur geändert und ist in seinen Warenbezügen nicht mehr so frei wie vor diesem Kriege. Die südamerikanischen Länder haben ihre Bindungen an die Vereinigten Staaten wesentlich verstärkt und sind, wie Brasilien, Argentinien, Chile usw., meist von Schuldner- zu Gläubigerländern geworden. Das gleiche gilt von Indien, Südafrika, Australien und Neuseeland. Diese letzteren Gebiete werden gehalten sein, ihre Importe weitgehend aus England zu beziehen, damit England seine

Kriegsschulden diesen Ländern gegenüber abzudecken vermag. Andere europäische Länder, wie Italien, sind stark verarmt und auch Spanien ist zu einem problematischen Absatzgebiet geworden.

Vor allem der Strukturwandel in den überseeischen Gebieten ist für den künftigen deutschen Export von nicht zu unterschätzender Bedeutung. Früher gingen 70 bis 80% des deutschen Exports nach Europa und nur 20 bis 30% nach Übersee, während aus Übersee 40 bis 45% der gesamten Einfuhren bezogen wurden, davon 20 bis 25% aus dem amerikanischen Kontinent, 12,5% aus Asien, 6% aus Afrika und der Rest aus Australien, Polynesien usw. Dieses Mißverhältnis in der verschiedenartigen Richtung von Export und Import wird sich künftig noch verstärken. Es wird nur dann nicht zu besonderen Schwierigkeiten auch für den deutschen Außenhandel führen, wenn der noch auf der Basis freier Verkehrswirtschaft arbeitende Teil der Welt sich so freizügig in ein weltwirtschaftliches Austauschsystem einfügt, daß unter Verzicht auf zweiseitige Bindungen eine Art von Ringaustausch unter den Völkern reibungslos vonstatten geht. Deutschland ist also künftig wie niemals vorher in seiner Geschichte und ganz im Gegensatz zur Handelspolitik des nationalsozialistischen Regimes, darauf angewiesen, daß überall in der Welt die Politik der offenen Tür und das System der Meistbegünstigung vorherrscht.

Vergleich zwischen den USA und Deutschland. Könnte sich Deutschland in seiner Produktion künftig ganz entscheidend auf den Inlandsmarkt stützen, dann würden die Wandlungen, die sich in der ganzen letzten Zeit und vor allem im Kriege in der Produktionstechnik herausgebildet haben, vielleicht nicht allzu bedeutsam sein. Ein Deutschland aber, das künftig zwangsläufig mit sehr großen Teilen seiner Produktion am Weltmarkt im Wettbewerb zu den leistungskräftigsten Volkswirtschaften der Welt treten muß, hat diesen Gesichtspunkt stark zu beachten. Man braucht nur an das Beispiel der Vereinigten Staaten zu denken. Dort sind die Produktionsanlagen im Kriege auf vielen Gebieten außerordentlich erweitert und auf den modernsten Stand entwickelt worden, ohne daß es nötig gewesen wäre, dafür die für die Friedensproduktion bestimmten Produktionsanlagen zu vernachlässigen. Dort ist selbst die Konsumproduktion im Kriege noch gestiegen. Auf der Grundlage eines weiten inneren Marktes und einer enormen Rüstungserzeugung ist ein technischer Fortschritt erzielt worden, der nunmehr in fast vollem Umfange der Friedensproduktion und dem Friedensexport zugute kommt. Die Rationalisierung auf der Grundlage einer Massenproduktion, des

Richtungen der deutschen Ausfuhr

	1936	1938	1936	1938
	Mill. RM		Prozent	
Insgesamt	4768	5257	100,—	100,—
davon:				
Europa	3373	3665	70,7	69,7
Uebersee	1390	1585	29,1	30,2
dar. Afrika	157	203	3,3	3,9
Asien	470	523	9,9	9,9
Amerika	722	811	15,1	15,4
Australien	41	49	0,9	0,9
Nach Ländern:				
Niederlande	395	448	8,3	8,5
Großbritannien	406	351	8,5	6,7
Italien	241	301	5,1	5,7
Schweden	230	267	4,8	5,1
Belgien-Luxemburg	211	227	4,4	4,3
Frankreich	254	217	5,3	4,1
Schweiz	225	207	4,7	3,9
Dänemark	182	202	3,8	3,8
Brasilien	133	161	2,8	3,1
Türkei	79	151	1,7	2,9
Vereinigte Staaten	172	149	3,6	2,8
Rumänien	104	149	2,2	2,8
Argentinien	98	147	2,1	2,8
Tschechoslowakei	139	136	2,9	2,6
Norwegen	91	123	1,9	2,3
Jugoslawien	77	118	1,6	2,2
Griechenland	63	111	1,3	2,1
Ungarn	83	110	1,8	2,1
Britisch-Indien	122	107	2,6	2,0
Polen	53	103	1,1	2,0
China	132	99	2,8	1,9
Japan	75	93	1,6	1,8
Finnland	54	82	1,1	1,6
Südafrikan. Union	56	52	1,2	1,5

Fließbandes, des Automaten, der Arbeitsteilung und Spezialisierung, im Kriege enorm entwickelt[7]), kann jetzt der Friedenserzeugung voll nutzbar gemacht werden und sichert diesem Lande einen technischen Vorsprung und damit Kostenvorteile, die schwer aufzuholen sind, zumal die Produktion und damit der Export immer den Rückhalt eines entscheidenden, kaufkräftigen inneren Marktes besitzen. Schwankungen in der Ausfuhr spielen daher in den Vereinigten Staaten bei der Größe und Aufnahmefähigkeit des inneren Marktes keine so große Rolle, stören also nicht entscheidend das System der Massenproduktion und der aus einem Gleichmaß der Aufträge sich ergebenden Kostenvorteile[8]).

Wie anders werden dagegen die Dinge in Deutschland liegen! Bei uns ist der Produktionsapparat weitgehend zerstört und im übrigen durch Jahre hindurch vernachlässigt und überaltert. Deutsche Patente, die uns hier und dort noch einen Vorsprung hätten sichern können, stehen heute den Siegern zur Verfügung, so daß es den Betrieben oft

---

[7]) Wie stark die Produktionsfähigkeit der USA während des Krieges wurde, geht aus einem Bericht des Handelsministeriums in Washington hervor, nach der die Warenlieferungen und Dienstleistungen der USA an andere Länder von 1940 bis 1945 den Wert von 80 Milliarden Dollar erreichten, davon allein für 63 Milliarden Waren; darunter fallen auch allerdings Leih-, Pacht- und UNRRA-Lieferungen. Nach den von einer Gruppe amerikanischer Nationalökonomen unter der Leitung von J. F. Dewhurst zusammengestellten und unter dem Titel „America's Needs and ressources" veröffentlichten Zahlen hat sich die gesamte Produktionskapazität während des Krieges mehr als verdoppelt. Die Produktion von Maschinen und elektrischen Ausrüstungen hat sich verfünffacht, die von Werkzeugmaschinen versechsfacht, von Lokomotiven verachtfacht, während die Fabrikation von Flugzeugen sich um das sechszehnfache, die von Handelsschiffen um das siebzigfache vermehrt hat. Die Produktion von Verbrauchsgütern hat sich in der gleichen Zeit, von wenigen Ausnahmen abgesehen um 20 bis 40% erhöht.

[8]) Britischer Index der industriellen Produktion 1947 gegen Basis 1939: Strom und Gas 151, Eisen- und Metallverarbeitung 115, Industrie der NE-Metalle 113, Chem. Industrie 113, Eisen und Stahl 96, Leder 93, Bergbau 85, Papier 79, Textil 69; gesamt 101.

nicht einmal möglich ist, nach den von ihnen entwickelten Patenten künftig zu produzieren, ohne dafür Lizenzgebühren zu bezahlen. Zu einem erheblichen Teil sind modernste Anlagen und Einrichtungen demontiert und ins Ausland überführt worden. Selbst die deutschen Techniker und Facharbeiter werden teilweise, wie verschiedene Beispiele zeigen, mit ihren Kenntnissen und Erfahrungen nicht mehr der deutschen, sondern anderen Volkswirtschaften nutzbar gemacht, mag es sich dabei um Kriegsgefangene oder geworbene Kräfte handeln. Deutschland hat so gut wie überhaupt keine Rohstoffreserven mehr, die erst in langen Zeiträumen wieder allmählich aufgebaut werden können. Die Kontinuität einer modernen arbeitsteiligen Wirtschaft ist damit nicht mehr gesichert und wir sind überdies auch hinsichtlich unserer Leistungsfähigkeit im Export allen Preis- und Versorgungsschwankungen der Weltrohstoffmärkte voll unterworfen. Ein breiter Inlandsmarkt, der dem Export eine starke Stütze geben könnte, wird auf lange Zeit fehlen. Deshalb werden auch die Vorteile einer Massenproduktion bei uns künftig nicht voll ausgenutzt werden können. Gegenwärtig erlaubt uns die Vernichtung eines namhaften Teils unserer Produktionsmittelindustrie durch Kriegsschäden, Zerstörung und Demontage, durch Reparationslieferungen unserer modernsten Maschinen und Einrichtungen, nicht einmal unseren veralteten und ersatzbedürftigen Industrieapparat zu reparieren, geschweige denn zu erneuern oder gar die Mechanisierung und Automatisierung weiterzutreiben.

Die Fesseln des deutschen Industrieplanes. Die Besatzungsmächte sind zu der Erkenntnis gelangt, daß die im ursprünglichen deutschen Industrieplan festgelegten Produktionsverbote und -begrenzungen auf die Dauer nicht aufrechterhalten werden könnten, wenn die künftige deutsche Wirtschaft nicht in den wichtigsten Teilen lahmgelegt werden soll[9]). Deswegen wurde die Fassung des Potsdamer Planes

[9]) Der „Economist" schreibt im April 1946 u. a.: „Die gesamte Produktionskapazität der Produktionsmittelindustrie wird auf annähernd 35% des Vorkriegsstandes festgelegt. Hierbei ist

ziemlich weitgehend gelockert und der revidierte Plan vom 29. 8. 1947 in Kraft gesetzt. Seitdem ist geradezu eine Förderung der deutschen Industrie eingetreten. Es ist aber trotzdem notwendig, daß wir die durch die oben gezeigte Entwicklung dezimierte Produktionsgüterindustrie teilweise wieder neu aufbauen, bevor überhaupt die deutschen Verbrauchsgüterindustrien auf den für den Exportwettbewerb unerläßlichen technischen Höchststand gebracht werden können.

Das Prinzip der fließenden Fertigung, der Arbeit im Takt, des laufenden Bandes, des Automaten, kurzum die auf der Grundlage einer Massenerzeugung allein mögliche Technisierung und Rationalisierung des Produktionsprozesses, eine sinnvolle Erzeugung mit Großapparaten, eine Spezialisierung nach Einzelteilen, den sog. Elementen, und ihrer Zusammensetzung nach dem Baukastenprinzip, das Zusammenspiel von Arbeitsteilung und Automatisierung, von

---

es deutlich, daß ein offensichtliches und erschreckendes Mißverhältnis bestünde, das eine ständige Unausgeglichenheit in das deutsche Wirtschaftsleben hineinbringen würde. Es ist eine Täuschung, anzunehmen, daß die Verbrauchsgüterindustrie mit voller Kapazität oder auch nur mit zwei Dritteln ihrer Kapazität arbeiten kann, wenn die Belieferung mit Investitionsgütern auf weniger als ein Drittel des normalen Standes herabgesetzt wird. Wie kann z. B. die Textil- und Schuhindustrie mit 70 oder 77% des normalen Standes arbeiten, wenn die leichte Maschinenindustrie, die Textil- und Schuhmaschinen herstellt, nur mit 50% arbeiten darf? Die schlimmste Sackgasse betrifft die Werkzeugmaschinenbranche. Deutschlands jährliche Vorkriegserzeugung an Werkzeugmaschinen betrug ungefähr 200000 Stück, aber seine Bestände an Werkzeugmaschinen beliefen sich auf 1,4 Millionen Stück und stiegen während des Krieges auf ungefähr 2 Millionen Stück. Es ist bekannt, daß die meisten Werkzeugmaschinen als Reparationsleistung nach anderen Ländern überführt werden. Aber abgesehen davon wird der vorgesehene laufende Ausstoß von Werkzeugmaschinen so lächerlich gering sein, daß er normalerweise für die Erneuerung der Anlagen in der Maschinenindustrie nicht genügen wird, obwohl die Zahlen für diese Industrie so niedrig festgesetzt worden sind. Das gleiche ergibt sich aus den Zahlen für die künftige Stahlproduktion. Mit einer Stahlproduktion vom Stande vor 1900 läßt sich kein Lebensstandard erarbeiten, wie ihn abendländische Völker haben."

stärkerer Arbeitsvorbereitung und wechselnden Produktionsumwegen, diese ganze Skala von Rationalisierungsmaßnahmen, die uns gerade für den Export die der Konkurrenz zur Verfügung stehenden Vorteile des Gesetzes sinkender Kosten bringen könnte, ist uns gegenwärtig ganz verschlossen oder nur in bescheidenem Umfange anwendbar.

Der revidierte Industrieplan vom 29. 8. 1947 in Zahlen.

Industrie	Geschätzte Produktion 1936	Vorhandene Kapazität 1947	Produktion nach neuem Plan	Neues Industrieniveau in v. H. von 1936	Neues Industrieniveau in v. H. der Gegenwartskapazität
	(in Millionen Tonnen)				
Stahl	14,9	19,2	10,7	72	56
Kupfer (roh) . .	0,128	0,134	0,128	—	96
Kupfer (raffiniert)	—	0,231	0,2[illegible]5	—	93
Zink (raffiniert) .	—	0,180	0,180	—	100
Blei (raffiniert) . .	—	0,141	0,141	—	100
Kupfer-Zink-Legierung und Guß .	0,596	0,6[illegible]5	0,535	90	88
Bleiprodukte . .	0,725	0,522	0,522	72	100
Zementproduktion .	7,0	11,4	8,9	—	100
	(in Millionen RM., Preise von 1936)				
Schwere Maschinen	6[illegible]9.—	775.—	500.—	80	65
Leichte Maschinen	769.—	1195.—	916.—	119	77
Werkzeug-Maschinen	2[illegible]6.—	259.—	170.—	83	65
Feinmechanik und Optik	180.—	307,7	248,7	108	81
Elektromaterial .	830.—	1291.—	1237.—	149	96
Chemikalien insges.	2325.—	4[illegible]94.—	2271.—	98	54
Chem. Grundstoffe	270.—	288.—	283.—	105	98
Synthet. Ammoniak	95.—	118.—	118.—	124	100
Anorg. Chemikalien	180.—	240.—	180.—	100	75
Versch. Chemikalien einschl. Sprengstoff	1095.—	2821.—	1066.—	97	38
Org. Chemikalien .	160.—	225.—	160.—	100	71
Farben	180.—	176.—	173.—	96	98
Pharmazeutika . .	270.—	263.—	228.—	84	87
Teerdestillate . .	75.—	63.—	63.—	84	100
	(in 1000 Stück)				
Personenwagen . .	—	190	160	—	84
Lastwagen . . .	—	65	61,5	—	95
Traktoren . . .	—	16,5	19,5	—	über 100

So lange die Zahl der arbeitsfähigen Menschen in der deutschen Wirtschaft noch in krassem Mißverhältnis zur Größe unseres zusammengeschlagenen Produktionsapparates steht, weil uns die Anpassung des Apparates an die Menschen wegen der Knappheit an Rohstoffen, Energie usw. nicht möglich oder wegen des Industrieplanes nicht erlaubt ist, werden wir gezwungen sein, weitgehend kapitalsextensiv, also besonders arbeitsintensiv zu produzieren. Wir müssen also in unseren begrenzten technischen Apparaturen so viele Arbeitskräfte wie nur irgend möglich produktiv unterzubringen suchen, und es bleibt uns, wenn nicht die Arbeitskraft größerer Teile unserer Bevölkerung brachliegen oder zu mehr oder minder unproduktiven Zwecken Verwendung finden soll, nichts anderes übrig, als die sich aus einer Kapitalsextensität ergebende Verteuerung der Erzeugungskosten durch eine entsprechende Verbilligung der Arbeitskosten auszugleichen. Mit anderen Worten, die deutsche Lebenshaltung muß dann weiter unter den Stand gesenkt werden, der dem europäischen Durchschnitt entspricht[10].

Wir zweifeln nicht daran, daß diejenigen Teile des deutschen Industrieplanes, die nach Auffassung deutscher und ausländischer Sachverständiger sich auf die Dauer nicht als durchführbar erweisen, rechtzeitig geändert werden. Das gilt in erster Linie von den Begrenzungen des deutschen Außenhandels. Wir haben oben die Größenordnungen zu schätzen versucht, in denen sich die deutschen Importe und damit unter Berücksichtigung der Passivposten der übrigen Teile der Zahlungsbilanz auch die Exporte werden halten müssen. Wir kamen unter Zugrundelegung bescheidenster Ansprüche bezüglich der deutschen Inlandversorgung auf ein Einfuhrvolumen von rd. 10 Milliarden DM und ein Exportvolumen zwischen 13 und 14 Milliarden DM ohne Berücksichtigung laufender Reparationszahlungen von größerem Ausmaß.

Inzwischen hat man auch eingesehen, daß Deutschland mit seiner vergrößerten Bevölkerung auf verengtem Raum sich

---

[10]) Ob dabei höhere Leistungen je Kopf erreicht werden können, was sehr nötig wäre, bleibt selbstverständlich fraglich.

die Lebensmittel, die es aus dem Ausland beziehen muß, nur durch einen sehr bedeutenden Export an industriellen Gütern zu beschaffen vermag, und dies auch nicht zuletzt im Interesse der Alliierten, damit sie in der Kreditierung der deutschen Lebensmitteleinfuhren rascher entlastet werden.

Es war uns bisher noch nicht möglich, die zugestandenen Erweiterungen unserer Produktion voll auszunutzen. So wurde die zulässige Produktion der Eisenhüttenindustrie der Bizone fast verdoppelt[11]), ist aber im Jahre 1947 noch weit unter dieser Grenze geblieben. Dadurch konnte auch die ganze übrige Schwerindustrie keine erhebliche Steigerung ihrer Jahresleistung erreichen, obwohl dies sehr nötig wäre, um unseren gesamten Produktionsapparat annähernd auf die Höhe unserer Wettbewerber zu bringen, wo man nach außerordentlicher technischer und betriebswirtschaftlicher Rationalisierung in einer kapitalsintensiven Erzeugung mit weitgehender Senkung der Selbstkosten je Erzeugungseinheit gelangt ist. Wir könnten bei der gegenwärtigen Verfassung unseres Produktionsapparates bei kapitalsextensiver Erzeugung den Wettbewerb auf den Weltmärkten nur durch ein furchtbares Sweating (Schwitzsystem) halten, doch könnte sich dieses System nicht lange behaupten, da unsere besten Arbeitskräfte in Kürze verlorengehen würden sowie Auswanderungsmöglichkeiten offenständen. Die Wirtschaftsfachleute speziell in den USA scheinen in jüngster Zeit zur vollen Erkenntnis des Problems gelangt zu sein, denn aus ihren Kreisen kommen in Verbindung mit der Erörterung des Marshallplanes Äußerungen, nach denen die Kapazität der ganzen europäischen Schwerindustrie einschließlich der deutschen um rd. 50% erhöht werden müsse, wenn Europa seinen Bedarf an Lebensmitteleinfuhren durch Industrieausfuhr decken soll.

Entsprechend dieser neuen Erkenntnis sind auch die Fesseln, die dem deutschen Export angelegt wurden, nicht unerheblich gelockert worden. Von der ursprünglich festgesetzten

---

[11]) Die Stahlproduktion der Doppelzone wurde nach dem revidierten Plan vom 29. 8. 47 auf 10,7 Mill. Tonnen erhöht, was immer erst 72% der Erzeugung von 1936 sind, die rd. 14 Mill. t Stahl betrug.

Grenze in Höhe von 3 Milliarden RM Exportwert nach den Preisen von 1936 für ganz Deutschland ist heute keine Rede mehr, wenn man auch von der Einräumung der Summe, die wir mit 13 bis 14 Milliarden DM Ausfuhrwert angegeben haben, noch ziemlich entfernt zu sein scheint. Im neuen Exportprogramm wurde für die Bizone allein für das Jahr 1949 eine Ausfuhr von rd. 900 Millionen Dollar oder ungefähr 3 Milliarden DM nach dem neuen Umrechnungsschlüssel für Exportdevisen (eine DM = 30 Cents) vorgesehen.

Es ist verständlich, daß die Alliierten mit den Begrenzungen des Industrieplanes beabsichtigen, das Wiedererstehen einer deutschen Rüstung zu verhindern. Ganz abgesehen davon, daß es andere und wirksamere Mittel gibt, um eine solche Gefahr auszuschalten, hat Prof. Schiller von der Hamburger Universität einmal mit Recht betont, daß das beste Mittel, einem Lande irgendwelche Rüstungsabsichten auszutreiben, nach alter Erfahrung darin besteht, es auf Gedeih und Verderb mit einer austauschenden Weltwirtschaft zu verkoppeln. Das wird aber, wie wir dargelegt haben, bei Deutschland künftig in so hohem Maße wie bei keinem anderen Land der Welt zwangsläufig der Fall sein müssen.

Kapazitätsverminderung durch Demontage. Über die Auswirkungen der Demontagen auf die deutsche Wirtschaft sind in der Öffentlichkeit nicht mit Unrecht ernste Befürchtungen laut geworden. Drei Jahre Welt- und Europa-Politik, die Durchführung des europäischen Wiederaufbauplanes der USA und insbesondere die inzwischen bekannt gewordenen *Begleiterscheinungen* haben den ganzen Komplex der Demontagefrage, der während der drei Jahre niemals zur Ruhe gekommen ist, in letzter Zeit in den Mittelpunkt der Diskussionen und bedeutsamer politischer Erscheinungen gestellt. So bitter nötig wir auch jede einzelne Werksanlage für den Wiederaufbau unserer Wirtschaft haben, und so schwere Lücken in zahlreichen Fällen selbst vernünftig durchgeführte Demontagen aufreißen, so muß doch bei dieser Betrachtung von der Tatsache ausgegangen werden, daß Deutschland nicht nur verpflichtet ist, sondern sich auch dazu bereit erklärt hat, *Wiedergutmachung im Rahmen des Möglichen* zu leisten. Es wurde dabei aber immer wieder betont, daß es für Deutschland eine Grenze der Leistungsfähigkeit gibt, die, ganz nüchtern betrachtet, dort liegen muß, wo durch Reparationen und Demontagen der deutschen Wirtschaft Schaden zugefügt wird, die es unmöglich machen, einen der Nachkriegszeit und der Verarmung Deutschland angemessenen Lebensstandard zu sichern und dem deutschen Volk zugleich eine entsprechende Wiederaufstiegsmöglichkeit zu bieten. Mit dem revidierten Industrieplan, der die Kapazität der industriellen Produktionskraft festlegt und mit der Bestimmung, daß in Deutschland keine Rüstungsbetriebe erhalten bleiben sollen, sind Umfang und Grenzen der Demontagen festgelegt. Durch die Einbeziehung der Westzonen in das europäische Wiederaufbauprogramm erhalten die deutschen Gebiete mit den darin enthaltenen Produktionsmöglichkeiten den Charakter eines Teiles Westeuropas, dem im Rahmen des ERP-Programms nicht nur bestimmte Zuwendungen zur Steigerung seiner Leistungsfähigkeit zugesagt, sondern auch gewisse Verpflichtungen übernommen wurden, um durch innereuropäische Arbeitsteilung seinen Anteil am Wiederaufbau einer europäischen Gesamtwirtschaft beizutragen. Es muß immer wieder betont werden, daß durch die Demontagen die vorhandenen Kapazitäten nicht so weit gesenkt werden dürfen, daß die Möglichkeiten des Wiederaufbaues der Versorgung der Bevölkerung mit Konsumgütern und der Steigerung des Exports (da ja die auf Kreditbasis erfolgten Importzuschüsse doch einmal aus eigener Leistung ausgeglichen werden müssen) nicht mehr gegeben sind. Der entscheidende Gesichtspunkt ist dabei, daß durch die Demontagen die wirtschaftlichen Zusammenhänge innerhalb der einzelnen Betriebe und auch der einzelnen Industriezweige nicht so zerrissen werden dürfen, daß eine rationelle und wirtschaftliche Fertigung für den Eigenbedarf und Export undurchführbar wird.

Tatsache ist, daß durch die Demontage auf vielen Gebieten ausgesprochene Schlüsselproduktionen empfindlich gestört werden. Das gilt natürlich in erster Linie von Kugelfischer, Schweinfurt[12]), über dessen überragende Bedeutung für die deutsche Wirtschaft kein Zweifel besteht.

Jedenfalls wird der Wiederaufbau speziell der Schlüsselproduktionsstätten nach der Demontage mit Nachdruck

[12]) Das Wälzlager-Problem kann nicht als ein Gesamtwert-oder ein Gesamtstückzahlproblem betrachtet werden, sondern ist ein Schulbeispiel für ein Typenmengen-Problem. Ein Kleinstlager von 3-mm-Bohrung hat ein Gewicht von 2 g und ein Größtlager mit einer Abmessung von über 1 m ein Gewicht von weit über 1 Tonne. Dabei hat man zu berücksichtigen, daß man selbst beim Zusammenfassen einiger Lagerarten mit 15 Lagerarten rechnen muß und etwa 8 Größengruppen für jede Lagerart. Der Kohleförderung, vor allem der des Ruhrbergbaues, schenkt die ganze Welt besondere Aufmerksamkeit, und die Wälzlagerhersteller sind angewiesen, neben dem Verkehrswesen gerade den Bergbau bevorzugt zu beliefern. Obwohl diesem von allen Wälzlagerherstellern Rechnung getragen wurde, mußten Vertreter der deutschen Versorgungszentrale für den Bergbau Essen-Heisingen feststellen, daß man im Jahr 1946 und im ersten Halbjahr 1947 für den Zechenbedarf Wälzlagerfehlmengen zu verzeichnen hatte, die zwischen 20 und 25% des Gesamtbedarfs schwankten. Man konnte sich nur notdürftig behelfen, indem man

a) die letzten Reserven der Vorratslager in Anspruch nahm,

b) an Stelle der verlangten Lager abmessungsgleiche oder abmessungsähnliche andere, weniger geeignete Wälzlager einbauen mußte (bedeutet höheren Verschleiß),

c) aus verfügbaren Ersatzaggregaten Wälzlager ausbaute und diese in Betrieb befindlichen einsetzte und

d) ferner komplizierte Umbauten auf Gleitlager vornehmen mußte, die mit Wirtschaftlichkeit schon nichts mehr zu tun hatten.

Ähnlich sieht das Bild beim Verkehrswesen aus. Sowohl die Reichsbahnbetriebe in den vereinten Zonen als auch die Verkehrsunternehmungen in Berlin konnten sich bisher nur dadurch helfen, daß man auf Wälzlager der Ersatzaggregate zurückgreifen konnte. Dasselbe ist feststellbar bei den Wälzlagerverbrauchern der übrigen Industrien, insbesondere den gesamten Versorgungsbetrieben, wie Elektrizitäts-, Gas- und Wasserwerken usw.

Der Hauptengpaß in Wälzlagern liegt bei den mittelgroßen Lagern, obwohl auch Engpässe bei kleineren Lagern zu verzeichnen sind. Von außerordentlicher Bedeutung ist die Feststellung, daß die bisherige Wälzlagerversorgung nicht nur möglich war durch die eigentliche Produktion, sondern auch durch die Tatsache der Rückgriffsmöglichkeit auf zum Teil umfangreiche Vor-

durchgeführt und der Wiedereinbau neuer Maschinen in die höchste Dringlichkeitsstufe gestellt. Dabei steht an erster Stelle die Herstellung von Maschinen für den Werkzeug-

---

räte. Diese sind gerade wiederum bei den Engpaßtypen aufgebraucht und die Anzahl der Engpaßtypen vermehrt sich andauernd, so daß man also schon jetzt und in nächster Zeit mehr und mehr auf die reine Produktionsausbringung angewiesen sein wird.
Importmöglichkeiten sind vorerst kaum gegeben, auch dann nicht, wenn die Devisen in ausreichendem Maße zur Verfügung stehen würden. Die ausländischen Wälzlagerhersteller nennen Lieferzeiten von 2, 3 und 4 Jahren. Industrievertreter von Ländern mit eigener Wälzlagererzeugung besuchen Deutschland und möchten unter allen Umständen große Wälzlageraufträge placieren, weil der Wälzlagermangel in diesen Ländern, wie aus den bereits genannten Lieferzeiten hervorgeht, außerordentlich groß ist. Zu diesen Ländern zählen, England, Schweden, Schweiz und Frankreich. Frankreich besonders für seinen Bergbau, der, wie der französische Vertreter in Elberfeld berichtete, zum Erliegen kommt, wenn er keine Wälzlager erhält. Damit ist bewiesen, daß das Wälzlagerproblem ein europäisches Versorgungsproblem ist.
Sehr bemerkenswert ist noch, daß durch den Ausfall von Kugelfischer weitere Wälzlagerhersteller betroffen werden, nachdem diese ganz oder zum Teil auf die Zulieferung von Kugeln, Rollen und Käfigen von Kugelfischer angewiesen sind. Das heißt: Fällt Kugelfischer, so fallen auch diese Werke, zumindest für längere Zeit, automatisch aus, wenn sie nicht in der Lage sind, Wälzlager zu komplettieren.
Beachtenswert ist, daß die Wälzlagerverbraucher, wie z. B. Bergbau, Verkehr, Landwirtschaft, Textilindustrie usw., abhängig sind von der Zulieferung anderer Querschnittsindustrien, wie z. B. der Elektroindustrie in Elektromotoren aller Art, die wiederum mit Wälzlagern ausgerüstet sind. Können diese Lager nicht oder nicht rechtzeitig angeliefert werden, dann treten Stockungen und Lahmlegungen auch bei den Wälzlagerverbrauchergruppen mit höchster Priorität ein. Die Erzeugnisse der Elektroindustrie dürfen im Durchschnitt zu etwa 30% an den Bergbau und zu einem fast gleichen Prozentsatz an den Verkehr gehen, wodurch wiederum die Bedeutung der Elektroindustrie unterstrichen wird, respektive die Notwendigkeit der Wälzlagerlieferungen an die Elektroindustrie. Man könnte die Beispiele beliebig fortführen, um zu dem Ergebnis zu kommen, daß das Wälzlager das wichtigste Maschinenelement, ein Artikel des täglichen Bedarfs ist, auf welchen in Deutschland nicht verzichtet werden kann.

und Maschinenbau der Betriebe[13]), es folgen dann die Spezialmaschinen für die Fertigung und an dritter Stelle die normalen Maschinen. Durch erhöhte Stromzuweisung, Übergang zum Dreischichtenbetrieb und durch eine Reihe von anderen Maßnahmen wird vor allem der Selbstbau an Spezialmaschinen gefördert werden. Selbstverständlich reichen alle diese an sich begrüßenswerten Maßnahmen nicht aus, um die aufgerissene Lücke zu schließen.

Die Hoffnungen, eine Verminderung der Demontage von Erzeugungsanlagen erreichen zu können, deren jede einzelne in irgendeiner Weise für den so dringenden Wiederaufbau unserer Wirtschaft eingesetzt werden könnte, müssen nun entsprechend herabgeschraubt werden. Durch die erfolgten Diskussionen in USA und Großbritannien und durch die kritischen Feststellungen ausländischer Beobachter scheint man sich doch zu der Erkenntnis durchzuringen, daß das gesamte Problem der Demontagen einer gründlichen Re-

[13]) Nach der Reichsstatistik hatte 1938 der Maschinenbau rd. 800 Mill. RM Devisen eingebracht, das waren 15% der damaligen Gesamtausfuhr Deutschlands. Von diesen 800 Mill. entfielen auf die Bizone mindestens 600. Der Wirtschaftsverband Maschinenbau hat in einer Denkschrift errechnet, daß an Stelle der im neuen Industrieplan vorgesehenen 1950 Mill. RM maximalen Produktionswertes in den kommenden Jahren eine Maschinenproduktion von mindestens 4,3 Milliarden RM erreicht werden müsse, damit neben dem dringendsten Bedarf an Ersatzteilen und Neuanfertigungen auch der zum Wiederaufbau erforderliche Bedarf befriedigt und die notwendige Ausfuhr erzielt werden soll. Da infolge der weitgehenden Demontage in der Ostzone kaum mehr als 300 Mill. RM Umsatz erreicht werden dürfte, müsse die Westzone jährlich etwa 4 Milliarden RM Produktionswert leisten. Dazu muß man der Westzone eine Produktionserhöhung gegen die Vorkriegszeit im Mittel um 25% erlauben, anstatt sie in der Schwerindustrie um 35% zu drücken und in der Leichtindustrie nur eine Erhöhung um 20% zu gestatten.
Es wurde von einsichtsvollen Fachkreisen der Besatzungsmacht mit Recht geltend gemacht, daß es besser gewesen wäre, Deutschland zur Erzeugung neuer Produktionsgüter, insbesondere von Maschinen, auf Wiedergutmachungsrechnung zu verpflichten und die Demontage zu unterlassen, soweit die Betriebe auf Friedensarbeit eingestellt sind, oder auf solche Arbeit umstellbar wären. Dann hätte das Ausland neue Ausrüstungen erhalten gegenüber den alten und abgenutzten, die es jetzt bekommt.

vision unterzogen werden muß. Der ERP-Administrator Paul G. Hoffmann hat auch die Ermächtigung erhalten, die Empfangsländer des Marshallplanes zu ersuchen, auf weitere deutsche Industrieanlagen zu verzichten, sofern ihre Belassung die angestrebte Produktionsbelebung Deutschlands wesentlich beschleunigen würde. Es wäre zu wünschen, daß dem Marshallplanbüro in Paris gelingen würde, was allen begründeten deutschen Vorschlägen versagt geblieben ist, im Zwiespalt der Pläne der wirtschaftlichen Vernunft wenigstens in einigen wenigen, aber grundsätzlichen Fällen noch zu einem späten Sieg zu verhelfen.

B. Das Gespenst des Kapitalmangels

Lassen sich die Begrenzungen, denen auf Grund des deutschen Industrieplans die deutsche Wirtschaft und damit alle Einzelbetriebe unterworfen sind und die zu einer entscheidenden Hemmung einer, wie wir sahen, im Hinblick auf den Export besonders wichtigen Durchrationalisierung unseres Produktionsapparates werden können, schließlich doch mit einem Federstrich beseitigen, so ist dies leider nicht möglich bei den nicht weniger wichtigen Hemmungen, die einer solchen Entwicklung auf Grund des zu erwartenden schweren Kapitalmangels entgegenstehen.

Das Wort Kapitalmangel, das früher einmal den Inbegriff vieler Sorgen und Befürchtungen darstellte, ist dem deutschen Unternehmer, Techniker und Kaufmann zu mindestens in dem letzten Jahrzehnt weitgehend aus dem Gedächtnis entschwunden. Mit Hilfe einer bedenklichen und schließlich sogar verderblichen Geldschöpfung, die schon einige Jahre vor dem Kriege weit über das durch die Güterproduktion bedingte Normalmaß hinausging, ist jene enorme Geldflüssigkeit entstanden, die zwar dem Unternehmer und der Kreditwirtschaft jede Sorge um die Liquidität genommen hat, die aber dafür die Sorgen und Schwierigkeiten letzten Endes nur auf die Ebene der Güterwirtschaft verlagerte und die schließlich zu der heutigen und auf die Dauer untragbaren Lage unserer Geldwirtschaft und Währung geführt hat. Ganz gleich, wie schließlich die Währungsreform noch durchgeführt werden wird, ihr Ergebnis wird auf jeden Fall sein, daß wir in Deutschland einen Mangel an Geldkapital bekommen werden, der in seiner Größe und Dringlichkeit denjenigen der Jahre 1924 bis 1932 noch weit in den Schatten stellt. Er wird den Unternehmer zwingen, mit dem Einsatz von Geldkapital, ganz gleich, ob es sich dabei um Fremdkapital oder Eigenkapital handelt, so sparsam wie möglich umzugehen. Der Techniker, der in der ganzen letzten Zeit ohne Rücksicht auf den dabei entstehenden Geldbedarf und auf die Gestehungskosten aus neuen Produktionsanlagen beinahe aus dem Vollen wirtschaften konnte, wird künftig gehalten sein, selbst für die besten und zweckmäßigsten Planungen der Produktion und des Vertriebes jeden Pfennig dreimal umzudrehen, bevor er ihn verwendet, ja er wird auf viele Projekte für absehbare Zeit überhaupt verzichten müssen. Das sind keine übertriebenen Prophezeihungen, sondern es werden in Kürze Wahrheiten sein, deren Richtigkeit sich schon heute ziemlich deutlich vorausberechnen läßt.[14])

Erneuerung des Produktionsapparates. Einige Überlegungen mögen dies verdeutlichen. Die deutsche Wirtschaft wird in der ganzen nächsten Zeit einen Bedarf an Geldkapital haben, wie er noch niemals vorher in ihrer Entwicklung vorhanden war. Es ist eine unwiderlegbare Erfahrung, daß moderne arbeitsteilige Volkswirtschaften ohne eine hohe Sach- und Geldkapitalbildung undenkbar sind. Selbst eine vollständig intakte Wirtschaft braucht eine laufende Erneuerung ihres Produktionsapparates im weitesten Sinne als Ersatz für Verschleiß, Abnutzung und Veraltung. Sie ist darüber hinaus gezwungen, mit dem technischen Fortschritt der ganzen Welt im Gleichschritt zu bleiben, will sie nicht vor allem bei starker Abhängigkeit

[14]) In einem Gutachten äußerte der bizonale wissenschaftliche Beirat, daß die Investitionswirtschaft weitgehend durch ausländisches Kapital zu finanzieren wäre. Es erscheint uns aber volkswirtschaftlich nicht gerechtfertigt, innere Arbeit durch Auslandskapital zu finanzieren. Vielmehr braucht man solches zur Beschaffung ausländischer Rohstoffe, die zur Investitionsarbeit unbedingt nötig sind.

vom Außenhandel, wie sie in Deutschland, wie wir sahen, in besonders hohem Maße gegeben sein wird, ins Hintertreffen geraten.
Einer solchen großen Sachkapitalbildung muß in einer ausgewogenen Volkswirtschaft eine etwa entsprechende Geldkapitalbildung gegenüberstehen, ganz gleich, ob sich diese Geldkapitalbildung auf freiwilliger privater Basis oder in der Form einer Mobilisierung des realen Volksvermögens durch staatliche Kreditschöpfung vollzieht, wobei es unerheblich ist, ob die staatliche Kreditschöpfung eine Preissteigerung nach sich zieht oder ob sie bei starr gehaltenen Preisen und totaler Bewirtschaftung der Güter stattfindet. Über dieses Normalmaß der Sach- und Geldkapitalbildung hinaus wird Deutschland in der ganzen nächsten Zeit einen Kapitalbedarf haben, wie er verhältnismäßig in keinem Industrieland der Welt in ähnlicher Höhe gegeben sein wird. Der deutsche volkswirtschaftliche Apparat ist seit langen Jahren bis in die Nachkriegswirtschaft hinein in unerhörtem Maße überbeansprucht oder vernachlässigt worden, so daß in wesentlichen Teilen auch nicht entfernt das Nötigste für seine Erhaltung getan worden ist. Betriebswirtschaftlich gesehen hat sich dies so ausgewirkt, daß über die normalen Abschreibungen Sachkapital in Geldkapital umgewandelt worden ist, das derzeit im Zuge der Währungsreform bis auf geringe Reste vernichtet erscheint. Selbst in denjenigen Wirtschaftszweigen, die nicht mehr oder weniger durch Kriegseinwirkung oder Kriegsfolgen zerstört und verlorengegangen sind, ist der Bedarf an Ersatzinvestitionen ungeheuer. Man braucht nur an die deutsche Elektrizitätswirtschaft zu denken, die bis zur letzten Grenze ihrer technischen Kapazität ausgenutzt ist, ohne den an sie gestellten Ansprüchen genügen zu können, und die es sich nicht einmal leisten könnte, nach und nach Teile ihrer Anlagen stillzulegen, zu überholen und zu reparieren, auch wenn sie, was leider nicht im geringsten der Fall ist, die nötigen Ersatzteile, Maschinen und Aggregate beziehen könnte. Große Teile unserer Verbrauchsgüterindustrien, die künftig das Rückgrat der deutschen Wirtschaft bilden müssen, haben während der langen Kriegsjahre

stillgelegen, die Maschinen sind teilweise ausgebaut und irgendwo gelagert worden, um die Hallen irgendwelchen Kriegsproduktionen nutzbar zu machen, und es ist dabei ein großer Verlust an Sachgütern und Einrichtungen entstanden.

Das Ausmaß der Kriegs- und Nachkriegsschäden. Kriegsschäden und Reparationssachleistungen in der mannigfaltigsten Form haben diese Devastierung unseres Wirtschaftsapparates vollendet. Noch haben wir keinen ausreichenden Überblick darüber, wie groß diese Schäden sind. Man hat jetzt das gesamte deutsche Volksvermögen auf der Grundlage des Jahres 1935 mit 370 Milliarden RM veranschlagt und für das Jahr 1946 noch auf rd. 250 Milliarden, so daß danach ein Verlust von rd. 120 Milliarden RM eingetreten wäre. Die Unterlagen, auf denen sich solche Schätzungen aufbauen können, sind so unzulänglich, daß an ihrer Richtigkeit erheblich gezweifelt werden kann. Deutsche Sachverständige haben allein die Kriegssachschäden auf 130 bis 200 Milliarden RM beziffert.

Einzelerhebungen, die in einigen Städten, aber auch z. B. für das Land Bayern hinsichtlich der reinen Gebäudeschäden angestellt worden sind, lassen vermuten, daß zum mindesten die untere Grenze der genannten Schätzungen mit 130 Milliarden Kriegssachschäden ohne die Verluste an Sachvermögen, die in den abgetrennten Reichsgebieten entstanden sind, der Wirklichkeit nahe kommen. Eine einzige bayerische Stadt, nämlich Nürnberg, hat allein ihre Gebäudeschäden auf 1,2 Milliarden RM berechnet, in München liegen sie etwa bei 1 Milliarde RM. In Hamburg hat die amtliche Feststellungsbehörde allein die Gebäudeschäden auf 5 Milliarden RM beziffert. Wenn man sich nur den Umfang der Gebäudeschäden im ganzen Reiche vor Augen hält, wird man sie schwerlich auf viel weniger als 80 Milliarden RM veranschlagen können. Nun ist es zwar richtig, daß der weitaus größte Teil der Schäden an Gebäuden auf Wohngebäude entfällt, die erst in langen Zeiträumen wieder aufgebaut oder wiederhergestellt werden können. Bei der durch einen Millionenstrom von Flüchtlingen und Ausgewiesenen unvorstellbar verschärften Wohnungsnot und den daraus sich ergebenden schweren Gefahren für die Volksgesundheit und die physische Arbeitsfähigkeit der deutschen Bevölkerung wird man aber nicht umhin können, in der Zukunft für den Wiederaufbau der Wohngebäudewirtschaft erhebliche finanzielle Mittel bereitzustellen. Nach den bisherigen Erhebungen sind in Restdeutschland 2,75 Millionen Wohnungen total zerstört. Hinzu kommen noch weit mehr als 1 Million schwerbeschädigter Wohnungen. Wiederaufbau und Wiederherstellung allein dürften einen Geldaufwand von 12 bis 14 Milliarden DM erfordern.

Daneben ist es aber vordringlich, die gewerblich benutzten Gebäude so schnell wie möglich wieder aufzurichten. Allein in Bayern mit seiner vorwiegenden Agrarstruktur und seinen relativ geringfügigen Bomben- und Kampfschäden an gewerblichen Gebäuden betragen diese Gebäudeschäden etwa 550 Millionen RM. Sie werden im gesamten Restreich mindestens das Zwanzigfache dieser Summe, wahrscheinlich aber noch mehr ausmachen, also etwa zwischen 10 und 15 Milliarden RM liegen. Nun sind aber nicht nur Gebäude zerstört, sondern auch die in ihnen befindlichen gewerblichen Einrichtungen, wie Maschinen, Kesselhäuser, Geräte und Apparaturen, Vorräte usw. Im allgemeinen entfallen in der deutschen Industrie nach den Bilanzwerten, die gerade bei Maschinen usw. am stärksten abgeschrieben sind, auf diese Teile des fixen und Betriebskapitals erheblich größere Werte als auf das Gebäudekapital. Man wird deshalb in der Annahme nicht fehl gehen, daß die hier entstandenen Sachkapitalverluste mindestens doppelt so hoch sind wie die an Gebäudekapital, also mindestens zwischen 20 und 30 Milliarden RM liegen werden.

Nun kommt hinzu, daß gerade an Maschinen und Einrichtungen durch Demontagen und Zerstörungen ungeheuere Werte verlorengegangen sind, wobei in allen Fällen immer die modernsten und leistungsfähigsten Teile abtransportiert worden sind. Die in der russischen Zone demontierten Einrichtungen sind uns zwar von den Russen auf Reparationskonto bis vor kurzem nur mit 2 Milliarden RM gutgeschrieben worden, aber englische Sachverständige haben demgegenüber berechnet, daß diese Gutschrift nur einen kleinen Bruchteil der tatsächlich erfolgten Substanzverluste darstellt, ganz abgesehen davon, daß seither die Durchführung der Demontage mit größtem Nachdruck wieder aufgenommen worden ist und Riesenwerke, wie die Zeiß-Werke, Schott, die Leuna-Werke und viele andere, erfaßt hat. Wir wollen davon absehen, irgendeine Zahl zu nennen, müssen aber feststellen, daß durch Demontage, Zerstörungen ehemaliger Rüstungswerke und andere Formen der Reparationssachleistungen hohe Milliardensummen an industriellem Sachkapital der deutschen Wirtschaft über die Kriegssachschäden hinaus verlorengegangen sind oder noch gehen. Sachverständige Kreise, wie das Institut für Weltwirtschaft in Kiel, schätzen, daß der deutsche Produktionsapparat durch die Kriegs- und Kriegsfolgeschäden in seiner Gesamtkapazität um mindestens ein Drittel, wahrscheinlich sogar um die Hälfte reduziert worden ist.

Die Produktionsausrüstung der Flüchtlinge. Zu diesen für den künftigen Bedarf an Sach- und Geldkapital entscheidenden Tatsachen treten nun noch weitere hinzu. Der deutschen Wirtschaft gehen nicht nur die Gebiete und die darauf befindlichen umfangreichen Produktionseinrichtungen verloren, die in den abgetrennten oder abzutrennenden früheren deutschen Provinzen enthalten waren, sondern sie hat auch 10 bis 12 Millionen Flüchtlinge und Ausgewiesene zu versorgen, die mehr als 20% der im Restreich noch eingeborenen Bevölkerung ausmachen. Diese Millionen sind nicht nur mit dem Nötigsten auszustatten, das zu einem bescheidenen Leben gehört, wie Wohnung, Kleidung, Nahrung, Heizung, usw., sondern es müssen für sie auch alle dazu erforderlichen Produktionseinrichtungen geschaffen und ausgerüstet werden, um die nötigen Arbeitsplätze für ihre Beschäftigung sicherzustellen, also Werkzeuge, Maschinen, Anlagen, Kraftkapazität, Verkehrsmittel usw. Mit anderen Worten, die gesamte deutsche Produktionsausrüstung in den uns verbleibenden Reichsteilen muß um mindestens 20% ihres Normalbestandes, also ihrer ursprünglichen vollen Kapazität, erweitert werden, wenn alle diese Menschen in der rationellsten Weise in den deutschen Wirtschaftsprozeß eingegliedert werden sollen. Diese Aufgabe wird sich uns vor allem dann aufdrängen, wenn erst die Millionen deutscher Kriegsgefangener in ihre Heimat zurückgekehrt sein werden und in Brot und Arbeit gebracht werden müssen.

Wiederauffüllung des Betriebskapitals. Noch vordringlicher aber ist die Aufgabe, unabhängig von dem Ersatz der eingetretenen Kriegs- und Kriegsfolgeschäden, das bis auf geringe Reste zusammengeschmolzene volkswirtschaftliche Betriebskapital wieder aufzufüllen. (Als Betriebskapital sei die Summe der im Wirtschaftsprozeß befindlichen Güter verstanden, also in der Produktion aller Stufen im Groß- und Einzelhandel, im Verkehr usw.) Wir erfahren heute in fast allen Teilen, was es bedeutet, wenn dieses Betriebskapital überall fehlt, wenn auf immer mehr Gebieten sog. Engpässe entstehen, wenn die Betriebe nicht einmal mehr von der Hand in den Mund leben können und ein geordnetes Gleichmaß der Erzeugung und des Vertriebes fast überall ausgeschlossen ist. Wir wissen, welche außerordentliche Kostensteigerung sich aus einer Betriebspolitik des zwangsläufigen Fortwurstelns ergibt, die mit normalem Wirtschaften oft kaum noch etwas gemein hat.
Wie groß muß das Betriebskapital einer geordneten modernen Volkswirtschaft sein und welcher Geldkapitalsbedarf entsteht aus der unerläßlichen Wiederauffüllung auf ein tragbares Mindestmaß? Keynes hat in seinem Buch „Vom Gelde" ausgerechnet, daß in einer modernen, vorwiegend industriell ausgerichteten Volkswirtschaft die Summe des Betriebskapitals etwa 40 bis 50% des jährlichen Volkseinkommens beträgt. Das deutsche Volkseinkommen stellte sich im Jahre 1936, das meist als „Normaljahr" zugrunde gelegt wird, auf rd. 60 Milliarden RM. Für das Jahr 1946 ist es auf 25 bis 30 Milliarden in Preisen von 1936 geschätzt

worden. Maßgebende Währungssachverständige sind davon ausgegangen, daß es bis 1949, in Preisen von 1936 gerechnet, auf 45 Milliarden DM steigen dürfte. In Preisen von heute würde es dann bereits erheblich höher liegen, und da die Preissteigerung sich mit Sicherheit noch fortsetzen muß, ein Punkt, auf den später noch näher eingegangen werden soll, kann man annehmen, daß das Volkseinkommen in den dann gültigen Preisen mindestens 55 Milliarden DM betragen wird, womit es immer noch in seinem realen Wert beträchtlich hinter dem Niveau des schlimmsten Krisenjahres 1932 von 45 Milliarden RM in damaliger sehr hoher Kaufkraft zurückbleiben würde. Normalerweise müßte also der Wert der im Wirtschaftsprozeß befindlichen Güter etwa 22 bis 25 Milliarden DM betragen. Selbst wenn wir davon ausgehen, daß auch heute noch, zumeist unsichtbar, gewisse Bestände an Gütern im Wirtschaftsprozeß vorhanden sind, und wir in Zukunft nicht aus einem so reichlichen Güterreservoir heraus wirtschaften können, wie wir dies früher gewohnt waren, wird doch die zwingende Notwendigkeit bestehen, in schnellster Zeit eine Wiederauffüllung unseres volkswirtschaftlichen Betriebskapitals in einer Größenordnung von 15 Milliarden DM vorzunehmen.

Daß eine solche Schätzung keineswegs übertrieben hoch ist, mag ein Vergleich mit den Jahren nach der Inflation zeigen. Damals war die deutsche Wirtschaft auch nicht annähernd so stark von Gütern im Wirtschaftsprozeß entblößt, wie das heute der Fall ist, ja es gab Wirtschaftszweige, wie die Landwirtschaft und einige Industriegruppen, die sogar mit einem sehr reichlichen Güterbesatz aus der Inflationszeit hervorgegangen sind. Trotzdem haben nach den sehr eingehenden Untersuchungen des Instituts für Konjunkturforschung über „Kapitalsbildung und Investitionen in der Volkswirtschaft" Industrie, Handwerk, Handel und die übrigen Wirtschaftszweige allein in den fünf Jahren von 1924 bis 1928 zusätzliche Vorratsinvestitionen von nicht weniger als 13,85 Milliarden RM gemacht, während gleichzeitig die gesamten Anlageinvestitionen rd. 25 Milliarden RM betragen haben, wobei es sich lediglich um die über den normalen Verschleiß und die entsprechenden Abschreibungen hinausgehende Neuinvestitionen handelte. Es liegt auf der Hand, daß eine so zerstörte und ausgeblutete Wirtschaft, wie unsere heutige, wesentlich höhere Investitionen als diese zusammen fast 40 Milliarden RM vornehmen muß, um auch bei struktureller Umstellung auf weniger kapitalintensive Arbeitsweise[15]) eine Bevölkerung von erheblich mehr als 60 Millionen Menschen halbwegs produktiv beschäftigen zu können.

Das Phantom des „Geldüberschusses". Die Bezeichnung Geldüberhang ist schon zu einem wirtschaftspolitischen Schlagwort geworden, obwohl die Kaufkraft des umlaufenden Geldes nicht nur von seiner Menge, sondern auch von seiner Umlaufsgeschwindigkeit abhängt, also von der Zahl der Barzahlungen, die durchschnittlich im Laufe eines Jahres mit derselben Banknote geleistet werden. Die Menge des umlaufenden Papiergeldes wurde allerdings beträchtlich überschätzt, denn anläßlich der Währungsreform kamen in der Trizone nur etwa 13½ Milliarden RM zum Vorschein. Die Umlaufgeschwindigkeit war dagegen sehr gering, und man durfte infolgedessen Kaufkraftüberhang nicht ohne weiteres gleich Geldüberhang setzen.

Die Krankheit unseres Geldes bestand in der Hauptsache darin, daß es mangelhaft gedeckt war. Bei geordneter Währung ist das umlaufende Geld durch den Gold- und Devisenschatz der Notenbank und durch deren Wechselportefeuille gedeckt, das überwiegend gute Handelswechsel (Warenwechsel) enthält und nur zu einem bescheidenen Teil auch Schatzwechsel des Staates, hinter denen keine Warenstapel, sondern nur Steuereingänge, die in nächster Zeit zu erwarten sind, als letzte Deckung stehen.

---

[15]) Es soll damit nicht gesagt sein, daß zu einer solchen Arbeitsweise geraten wird, aber es ist möglich, daß man Deutschland indirekt dazu zwingt. In diesem Falle müßte man sich klar darüber sein, daß wir dann den Wettbewerb auf dem Weltmarkt gegen die wichtigsten Wettbewerber, die ausgesprochen kapitalsintensiv produzieren, nur durch Dumping oder Sweating behaupten könnten.

Das war in Deutschland gänzlich anders. Die guten Deckungen waren bei den Landeszentralbanken, die an die Stelle der Reichsbank traten, auf ein Minimum zusammengeschrumpft und der größte Teil der Deckung bestand aus Schatzwechseln des Dritten Reiches, die mehr oder minder als faul angesehen werden mußten, da sie das gesamte Staatsvermögen beträchtlich überstiegen und von einer Deckung durch demnächst zu erwartende Steuereingänge überhaupt keine Rede sein konnte.

Es gab nun noch außer dem umlaufenden Bargeld Barguthaben bei den Geldinstituten, deren Summe [16]) man ebenfalls als stark aufgebläht bezeichnen konnte. Die Kaufkraft dieser Barguthaben kann selbstverständlich durch Abhebungsbeschränkungen unschädlich gemacht werden. In Amerika würde man das „Sterilisierung" nennen. Von dieser Möglichkeit hat man auch schon Gebrauch gemacht, und es ist im Zuge der Währungsreform außerdem eine Zusammenlegung 10:1 verfügt worden. Auch die Deckung dieser Guthaben bestand, wenn auch nicht im gleichen Umfang wie bei den Banknoten, aus Schatzwechseln des Reiches. Das Problem bestand also darin, einen Teil der Papieraufblähung zu beseitigen und für den Rest eine bessere Deckung zu schaffen.

Bei der allgemeinen Betrachtung des Problems der Währungssanierung durfte man nicht außer acht lassen, daß auch in ganz normalen Zeiten ein gewisser Kaufkraftüberhang durch die Guthaben bei den Geldinstituten vorhanden ist und die Liquidität der Volkswirtschaft hierauf beruht. Man hat die Guthaben mit einem Schlag ganz oder zu einem hohen Teil zerstört und eine würgende Illiquidität (Immobilisierung) der gesamten Wirtschaft dadurch heraufbeschworen. Der eintretende Mangel an liquidem Kapital würde dann zu abnormal hohen Kreditsätzen führen, wie dies bekanntlich in den Jahren 1925/26 in Deutschland und Österreich der Fall gewesen ist. Das dürfte auch den Wiederaufbau außerordentlich erschweren oder auf einige Jahre sogar

---

[16]) Nach den Anmeldungen anläßlich der Währungsreform betrug sie in der Trizone rd. 110 Milliarden RM.

lahmlegen. Nun kann man den Wiederaufbau zum größten Teil als Investitionstätigkeit bezeichnen, und für eine gedeihliche Entwicklung der Wirtschaft ist billiger kurz- und langfristiger Kredit eine unerläßliche Vorbedingung. Das war auch allen deutschen Fachmännern bekannt und speziell denen, die zur Ausarbeitung der Währungsreform berufen wurden. Es sind auch von deutscher Seite Vorschläge ausgearbeitet worden, die eine übermäßige und gefährliche Kürzung der bestehenden Liquidität der deutschen Wirtschaft vermieden hätten. Es ist aber seitens der Besatzungsmächte von diesen Vorschlägen fast nichts akzeptiert worden, sondern der Colm-Doodge-Goldsmith-Plan zur Durchführung gelangt. In diesem Falle müßte eine weitgehende Finanzierung durch die öffentliche Hand zum Wiederaufbau erfolgen und das könnte u. E. nur dadurch geschehen, daß man zu einer neuen Kreditausweitung im Wege der Zettelbanken greift. Man könnte sie sogar mit weniger Bedenken als die während des Krieges ansehen, da durch eine Kreditschöpfung produktive Werte geschaffen werden, wogegen die Ausweitung zur Kriegsfinanzierung absolut unproduktiv war.
Auf keinen Fall wird man den Wiederaufbau durch Finanzierungsunmöglichkeiten scheitern lassen dürfen, denn das würde einer Sabotierung des ERP nach dem Marshallplan gleichkommen. Außerdem könnte der Marshallplan ohne einen gleichzeitigen Wiederaufbau Deutschlands gar nicht glücklich abgewickelt werden.

Knappe Gelddecke. Durch die Währungsreform ist der Bargeldumlauf nicht wesentlich restringiert worden, denn er wird sich durch Wechselziehung wieder bis auf 10 Milliarden DM erweitern können. Aber die Einlagensumme ist gezehnteilt und vom Rest ist die Hälfte vorläufig blockiert, so daß nicht viel mehr als 15 Milliarden DM an Liquiditäten erster Ordnung zur Verfügung stehen dürften, allerdings mit einer gewissen Hoffnung auf Lockerung der Blockierung und auf die sogenannte „Schattenquote“. Auch der weitaus größte Teil dieser zusammengeschmolzenen Summe wird nicht frei verfügbar sein. Sie steht dann für eine neue Kreditgewährung

jedenfalls nur zu einem ganz geringfügigen Teil zur Verfügung. Und diejenigen Beträge, die wir auf eine Art von Besserungsschein in einer jahrzehntelangen Frist einmal ausgezahlt zu sehen hoffen, könnten sich für uns sehr bald als eine wirtschaftlich sehr schwer tragbare „Hypothek" auf unsere künftige, bescheidene echte Kapitalsbildung erweisen. Denn dieses Geld muß mit unseren Sachvermögen in irgendeiner Form bedeckt werden, indem es vielleicht mit einer Generalhypothek oder einer anderen Belastung belegt wird. Eine spätere bescheidene Wiedergutmachung auf die bei einer Abwertung entstandenen Verluste am Giral- und Bargeld sowie evtl. auf sonstige abzuwertende Geldvermögensansprüche stellt also letzten Endes eine sehr ernst zu nehmende Vorweginanspruchnahme unserer künftigen Kapitalbildung dar.
Wir sind die Letzten, die für die Zukunft einer Politik ausgesprochener Geld- und Kapitalverknappung das Wort reden möchten. Eine gewisse Geldschöpfung wird auch künftig stattfinden können, aber nur insoweit, als dies die Entwicklung unserer Erzeugung an Gütern und Dienstleistungen erlaubt. Gerade in der Übergangszeit nach der Währungsregelung ist damit zu rechnen, daß die Kontingente an Geld, die einerseits den Ländern und Gemeinden bis zum vollen Ausgleich ihrer Haushalte zur Verfügung gestellt werden und die andererseits über die Kreditinstitute bereitgestellt werden können, um eine gewisse Kreditgewährung an die Wirtschaft zu ermöglichen, recht knapp bemessen sein werden, um den inneren Wert der neuen Währung, der manchen psychologischen Belastungen ausgesetzt ist, unbedingt zu halten. Dies ist hinsichtlich der Deckung der öffentlichen Haushalte, bei denen nach der Währungsumstellung die Steuereingänge nicht unerheblich sinken, die Fürsorgelasten dagegen beträchtlich steigen in den Währungsplanungen der Besatzungsmächte bereits deutlich zum Ausdruck gebracht worden. Man hat dabei die Länder, Gemeinden und sonstigen öffentlichen Körperschaften auf den Weg der Kreditaufnahme verwiesens wobei es aber wegen der Knappheit des verfügbaren, Kredit höchst zweifelhaft ist, ob ein solcher Weg in nennenswertem

Maße überhaupt gangbar sein wird. Aber eine so knappe Liquidität erster Ordnung bei weitgehender Zerstörung auch der Liquiditäten zweiter Ordnung (Pfandbriefe usw.) ist untragbar für eine moderne Volkswirtschaft, in der normalerweise die Liquidität erster Ordnung $^{1}/_{5}$ bis $^{1}/_{4}$ des Volksvermögens zu betragen hat.

Die Aufteilung des Sozialprodukts. Das volkswirtschaftliche Sozialprodukt bestimmt letzten Endes darüber, wie hoch die Erträge sein können, aus denen einerseits die gesamten Einkommen für den Verbrauch und die Ersparnisse andererseits fließen, welche wichtig für den Umfang der gesamten zusätzlichen Investitionen in Anlagen und Vorräten sind. Setzen wir stabile Preise voraus, eine Voraussetzung, die, wie wir noch sehen werden, in der nächsten Zeit einigermaßen problematisch ist, dann hängt die Höhe des gesamten Volkseinkommens aus Arbeit einerseits und den Renten der wirtschaftlichen Betriebe andererseits allein von der Größe der Gesamtproduktion an Gütern und Dienstleistungen ab. Wird diese Beziehung mißachtet, wird also die Summe aller Geldeinkommen (unter Berücksichtigung der Ableitungen für Mieten, Dienstleistungen u. dgl. einerseits, des Selbstverbrauches der Erzeuger, wie in der Landwirtschaft, andererseits) größer gehalten, als es dem Gegenwert der erzeugten Güter entspricht, dann entsteht zwangsläufig ein neuer Kaufkraftüberhang bzw. ein neues unbedecktes Sparkapital, was entweder zu einer offenen Geldentwertung führt oder bei starr gehaltenen Preisen, Löhnen usw. das frühere System der Unterversorgung mit Gütern und Dienstleistungen und damit der Bewirtschaftung und Rationierung erneuert, dem neuen Geld seinen vollen Kaufwert sofort wieder nimmt und automatisch zu einer Kreditschöpfung der öffentlichen Hand mit allen ihren Problemen führt. Die Einkommen müssen also, ganz gleich, ob es sich um Einkommen aus Lohn und Gehalt oder aus Erträgnissen wirtschaftlicher Betriebe oder aus abgeleiteten Einkommen, wie Kapitalerträgen, Erträgen aus Vermietung und Verpachtung, Beamtengehälter, Pensionen, Fürsorgeleistungen usw., handelt, dem Wert der künftigen

Güterproduktion einschließlich der Bereitstellung von Dienstleistungen unter Berücksichtigung des Sparwillens der Bevölkerung angepaßt werden, wenn stabile wirtschaftliche Verhältnisse geschaffen werden sollen.
Eine der Hauptaufgaben der künftigen Wirtschaftspolitik wird darin bestehen, die quotenmäßige Aufteilung des Volkseinkommens unter die verschiedenen Gruppen der Berechtigten so vorzunehmen, daß dabei der günstigste gesamtwirtschaftliche Effekt erzielt wird. Die Schwierigkeiten bei der Findung und Durchsetzung solcher Quoten am Volkseinkommen werden künftig außergewöhnlich groß sein, weil im Bereiche der Güterwelt eine völlig neue Konstellation entstanden ist, man also nicht einfach an frühere Verhältnisse anknüpfen kann. Die Auseinandersetzung um die Quote am Volkseinkommen geht eine Reihe von größeren Gruppen an, die sich teilweise überschneiden und überdecken. Da ist zunächst die große Gruppe der Verbraucher, bei der die Gesamthöhe des Preisniveaus darüber entscheidet, welchen Anteil am Sozialprodukt sie erhält. Darüber hinaus bestimmt bei den Arbeitern und Angestellten die Höhe der Löhne und Gehälter über ihren Anteil, beim Staat die Höhe der Steuern und Abgaben, bei den Unternehmern die Höhe der Selbstfinanzierungsquote und bei den Anteilseignern und Eigentümern die Höhe der Dividenden, Gewinnanteile, Entnahmen, Zinsen usw. Jede Veränderung in einer dieser Einzelquoten verändert auch automatisch die Quoten aller anderen Gruppen.
Die künftige Aufteilung des Sozialprodukts entscheidet aber auch über die Größenordnung der Kapitalbildung, ohne die ein Wiederaufbau und eine fortschrittliche Entwicklung unserer Wirtschaft mit Hilfe von Ersatz- und Neuinvestitionen undenkbar ist. Die volkswirtschaftliche Kapitalbildung fließt im wesentlichen aus zwei Quellen, nämlich einmal aus dem gesamten Einkommen aus Lohn und Gehalt und ausgeschütteten bzw. entnommenen Unternehmungserträgen und zweitens durch die Selbstfinanzierung aus den Unternehmen unmittelbar, soweit sie Überschüsse zur Deckung von Investitionen verwenden. Die Quote, die der

Staat bzw. die anderen Teile der öffentlichen Hand dem Sozialprodukt vermittels Steuern, Abgaben usw. entnehmen, findet ganz überwiegend eine rein konsumptive Verwendung, geht also im wesentlichen der Kapitalbildung verloren.

Nun ist aber die künftige Einkommenverteilung von erheblicher Bedeutung für die zu erwartende Größenordnung der Geldkapitalbildung. Es entspricht nicht nur der wirtschaftlichen Überlegung, sondern auch den gesicherten Erkenntnissen der Nationalökonomen, unter denen vor allem der verstorbene Engländer Lord Keynes in seiner Beweisführung hervorgetreten ist, daß sich die Kapitalbildung viel stärker in den höheren als in den niedrigeren Einkommenstufen vollzieht und daß mit jeder Senkung der durchschnittlichen Einkommenshöhe auch die Ersparnisse abnehmen[17]). Man kann nun seit der Zeit vor dem ersten Weltkrieg bis in die Gegenwart hinein eine klare Tendenz der Nivellierung der Einkommen und der Vermögen statistisch feststellen. In der Zeit von 1913 bis 1932 ist der Anteil der höheren Einkommen (1913 über 8500 Mark und — kaufkraftmäßig vergleichbar— später über 12000 RM) am Gesamteinkommen von 19% auf 6,34%, also auf genau ein Drittel zurückgegangen, wobei die außerordentlich verschärfte Einkommensteuerprogression noch nicht einmal berücksichtigt ist. Auch die Quote der größeren Vermögen ist in der gleichen Zeit fast auf die Hälfte zurückgegangen. Das Einkommen aus Kapitalvermögen hatte 1913 noch einen Anteil am gesamten Volkseinkommen von 12,5%, 1938 dagegen nur noch von 3,7%.

„Verstaatlichung" der Unternehmungserträge. Diese vor allem der Kapitalbildung abträgliche Entwicklung war zu einem erheblichen Teil die Folge einer starken Erhöhung der Steuerquote der öffentlichen Hand an den volkswirtschaftlichen Erträgen. Das läßt sich schon an der Entwicklung des Körperschaftssteueraufkommens bei Kapitalsgesellschaften deutlich feststellen. Es betrug 1925/26 rd. 187 Millionen RM, 1928/29 rd. 608 Millionen RM, 1936/37 1047 Millionen RM und 1943/44 6700 Millionen RM. Verfolgt

man einmal die Bilanzentwicklung von Industrieunternehmen hinsichtlich des Aufwandes für Ertrags- und Besitzsteuern im Verhältnis zu den Roh- und Reinerträgen, dann wird ohne weiteres klar, daß schon in der Vergangenheit eine ausgeprägte Tendenz zur „Verstaatlichung" der Unternehmererträge bestanden hat.

Diese Entwicklung kann sich in der Zukunft in noch bedeutend verstärktem Maße fortsetzen, vor allem dann, wenn, wie dies teilweise geplant ist, nach der erfolgten Währungsreform das Sachvermögen zum Ausgleich der gesamten Kriegsschäden und der Abwertungsschäden bei den Geldvermögensbesitzern mit Sätzen von z. B. 50% und mehr belastet wird und wenn etwa darüber hinaus nach der Durchführung der gesamten Abwertung noch hohe und nach der Größe des Vermögens gestaffelte Kapitalabgaben vom dann noch verbliebenen Vermögen erhoben werden. Wie wir sahen, muß die Verzinsung und Tilgung solcher Belastungen, die bei Kapitalgesellschaften unter Umständen auch die Form einer Verwässerung der Aktien- und GmbH.-Kapitalien annehmen könnte, zu einer bedeutenden Schmälerung der Erträge der Unternehmungswirtschaft führen. Die Möglichkeit, aus solchen Erträgen noch eine nennenswerte Kapitalbildung innerhalb des Betriebs im Wege der sog. Selbstfinanzierung durchzuführen, wird dadurch außerordentlich verringert, in vielen Fällen sogar unmöglich gemacht. Damit scheidet in der Hauptsache eine Quelle der künftigen Investition in Anlagen, Vorräten usw. aus, die in der letzten Vergangenheit eine außergewöhnlich große Rolle spielte. Das Statistische Reichsamt hat festgestellt, daß z. B. für das Jahr 1938 die unverteilten Gewinne der Unternehmungen in Gesellschaftsform rd. 3 Milliarden RM betragen haben, die entweder unmittelbar zur Finanzierung der Investitionen dienten oder die Liquiditätsreserven erhöhten, die dann bei der Erneuerung und Erweiterung des gesamten Produktionsapparates eingesetzt werden konnten. Bei den

---

[17]) Dabei hat allerdings Keynes die Kapitalsbildung im Wege der Sozialversicherung übersehen.

Personalunternehmungen, denen ja ein organisierter Kapitalmarkt für die Erweiterung ihres Eigenkapitals und für die Aufnahme von Fremdkapitalien nicht zur Verfügung steht[18]), ist die Selbstfinanzierung noch erheblich höher zu veranschlagen als bei den Unternehmungen in Gesellschaftsform. Sie ist in der letzten Zeit vor dem Krieg auf mindestens 4 Milliarden RM jährlich geschätzt worden.

Dies bedeutet, daß in der Zukunft die Bildung von Eigenkapital im Betrieb aus laufenden Überschüssen zur Durchführung der notwendigen Investierungen auf einen geringen Bruchteil der früher möglichen zurückgehen wird, so weit sie nicht durch die Verhältnisse ganz ausgeschlossen ist. Dabei ist noch zu berücksichtigen, daß in den ganzen nächsten Jahren, worauf noch zurückzukommen ist, das **Verhältnis zwischen den Kosten und Erlösen** der Wirtschaftsbetriebe ein ungünstiges sein könnte und damit die Unternehmungserträge sowieso schon stark herabgedrückt, wenn nicht unmöglich gemacht werden. Würde man damit rechnen können, daß nach der Währungsreform die Steuerbelastungsquote der Wirtschaft gegenüber den Sätzen des Steuernotprogramms noch mehr als bisher ermäßigt werden könnte, so würden die Verhältnisse noch etwas günstiger liegen. Dies ist aber nach den Auffassungen der Sachverständigen der Besatzungsmächte nur in mäßigem Umfange zu erwarten, wobei es sogar zweifelhaft ist, ob sich die vorläufigen Ermäßigungen der Steuerbelastungen angesichts des zu erwartenden Rückgangs der Steuererträge und der Steigerung der Staatsausgaben und hier vor allem der Fürsorgelasten nach der Währungsreform auf die Dauer durchhalten lassen. Auf jeden Fall hätte die Steuerlast im Rahmen der produktiven bzw. Handelsrente zu bleiben, eine alte Forderung deutscher Finanzwissenschafter.

Nur bescheidene Geldkapitalbildung. Die Unternehmungswirtschaft muß sich aus allen diesen Gründen darauf einstellen, daß in der nächsten Zeit eine Eigenkapitalbildung aus laufenden Überschüssen entweder unmöglich sein wird

[18]) Sie erhalten in der Regel nur kurzfristige Betriebskredite, die allerdings im Wege des „Revolvings“ nicht selten langfristigem Kredit ähnlich werden.

oder daß ihr doch außerordentlich bescheidene Grenzen gesetzt sind. Wie steht es nun aber mit der Möglichkeit, sich die Mittel zur Deckung des künftigen ungeheuer großen Wiederaufbau-Investitionsprogramms durch Inanspruchnahme von Kredit in seinen verschiedenen Formen zu beschaffen? Wir stellten bereits fest, daß durch den Währungsschnitt alle Geldreserven und Geldvermögensansprüche auf eine geringe Quote von rd. 20 Milliarden DM zusammenschmelzen werden. Damit stünden der Unternehmungswirtschaft liquide Mittel für den Wiederaufbau so gut wie nicht mehr zur Verfügung. Es könnte in der Folge nur durch eine laufende echte Ersparnisbildung[19]) langsam wieder aufgefüllt werden, und dieser Prozeß kann durch eine Geldschöpfung des Staates und der Kreditwirtschaft selbst normalerweise nur dann und insoweit unterstützt werden, als die Vergrößerung des volkswirtschaftlichen Produkts dies erlaubt. Fragen wir uns nun, in welcher ungefähren Größenordnung sich die künftige Ersparnisbildung der deutschen Wirtschaft außerhalb der Betriebe vollziehen kann. In unserer verarmten und ausgebluteten Wirtschaft werden die Löhne und Gehälter niedrig gehalten werden müssen. Ihr realer Kaufwert wird angesichts der kaum zu umgehenden und sicherlich nur mit Mühe in Grenzen zu haltenden Preissteigerung eher noch absinken. Obwohl die Sätze der Lohn- und Einkommensteuer nach der Währungsreform geringfügig gesenkt wurden — eine stärkere Ermäßigung der Besteuerung wird sich durch die Lage der öffentlichen Haushalte ganz von selbst verbieten —, wird möglicherweise durch eine Steigerung der Verbrauchssteuern praktisch der größte Teil der Entlastung wieder verlorengehen.

Wir haben uns durch die latente Inflation der nationalsozialistischen Ära an so hohe Zahlen der im Grunde rein fiktiven Geldkapitalbildung gewöhnt (sie betrug im Jahre 1944 über 90 Milliarden RM und entsprach ungefähr der Höhe der zusätzlichen Reichsverschuldung), daß uns die

[19]) Man muß sich darüber klar sein, daß echte d. h. reale Volksersparnis nur durch Investitionstätigkeit (über die fälligen Erneuerungen hinaus) zustande kommen kann.

künftige Kapitalbildung unter der Voraussetzung stabiler Währung geradezu lächerlich gering erscheinen wird. Es ist deshalb nützlich, sich einmal die Größenordnung der Kapitalbildung in früheren normaleren Jahren vor Augen zu halten. Im Jahre 1924, in dem nach der damaligen Inflation trotz der Vernichtung der liquiden Geldvermögen die Voraussetzungen für eine Ersparnisbildung wesentlich günstiger waren, als das in den kommenden Jahren der Fall sein dürfte, betrug der Zuwachs an privatem Sparvermögen (Spareinlagen, Prämienreserven der Versicherungen und Aufnahme des Kapitalmarktes an festverzinslichen Wertpapieren) ganze 1,4 Milliarden RM. Er erreichte 1928 seinen Höhepunkt mit 6,8 Milliarden RM und sank dann wieder ab. Die gesamte Geldkapitalbildung einschließlich des Zuwachses an Bank- und Giroguthaben, des Bargeldumlaufs, der Kapitalanlagen der Sozialversicherung und der Aufnahme des Kapitalmarktes an Wertpapieren und Wechseln aller Art stellte sich im Jahre 1933 auf 1,81 Milliarden RM und wuchs bis 1936, in dem die Ziffern bereits durch die ersten Rüstungsfinanzierungen des Reiches (600 Millionen RM Mefowechsel) aufgebläht waren, zur Summe von 5,24 Milliarden RM. Bei den Zahlen vor 1933 ist zu berücksichtigen, daß ein Teil der deutschen Geldkapitalbildung sich letzten Endes auf der Basis eines hohen Milliardenzustroms an meist kurzfristigem Auslandskredit aufbaute.

Vergleicht man diese Summen, die in der Zukunft unter ungleich schwierigeren Bedingungen kaum aufgebracht werden können, es sei denn, daß das gesamte Preis-, Lohn- und Wertgebäude unserer Wirtschaft inflatorisch aufgebläht wird, mit den ungeheuren Summen des künftigen deutschen Kapitalbedarfs, die wir am Eingang dieses Abschnitts zu schätzen versuchten, die weit über 100 Milliarden DM[20]) hinausgehen und die sich noch entsprechend erhöhen würden, wenn das Preisniveau ansteigt, dann wird mit einem Schlage die Größe der Kapitalnot klar, unter der

---

[20]) Dieser Bedarf würde sich allerdings auf mehrere Jahre verteilen.

wir künftig zu leiden haben dürften und die die gesamte Wirtschaft und damit auch das Wirtschaften in jedem einzelnen Betrieb überschatten müßte. Die Nachfrage nach Geldkapital wird, wenn wir eine offene oder verdeckte Inflation in Zukunft vermeiden, immer nur zu einem bescheidenen Teil durch das Angebot gedeckt werden können[21]).

Zinserhöhung oder Kreditbewirtschaftung? Es erhebt sich nun die Frage, nach welchen Prinzipien der Ausgleich erfolgen soll und wird. Wir haben in der Zeit des Kapitalmangels der Jahre 1924 bis 1932, in der nur vorübergehend durch den Zustrom später wieder abgezogener Auslandskredite dieses Phänomen verdeckt worden ist, die Auswahl der zu befriedigenden Kapitalgesuche dem Markt, mit anderen Worten also dem Zins überlassen. Es kamen also nur diejenigen Kapitalansucher zum Zuge, die in der Lage waren, zu exorbitant hohen Zinssätzen Kredite verschiedenster Art aufzunehmen. Man glaubte auf Grund der Lehren der „klassischen" Nationalökonomie damals noch, daß per Saldo hohe Zinssätze nicht nur den Kapitalbedarf entsprechend eindämmen, sondern auch das Kapitalangebot, also die Ersparnisbildung, erheblich steigern würden. Die praktischen Erfahrungen haben das Gegenteil erwiesen, und die moderne Nationalökonomie hat betont, auf welchen Trugschlüssen solche Auffassungen beruhen, wobei vor allem der Engländer John Maynard Keynes die Rolle eines Schrittmachers gespielt hat. Hohe Zinsen bedeuteten keine ausreichende Aussiebung aus dem großen Umfang der Kapitalnachfrage, vor allem vom Gesichtspunkt der volkswirtschaftlichen Dringlichkeit der Kapitalnachfrage aus betrachtet. Große Teile der Wirtschaft, namentlich der Landwirtschaft, aber auch die Industrie, das Baugewerbe usw. haben in Verkennung der späteren Möglichkeiten einer Verzinsung und Tilgung der in Anspruch genommenen Kredite vor Kreditaufnahmen nicht zurückgeschreckt und sind dadurch krisenanfällig geworden. Die Quittung kam

[21]) Eine solche pessimistische Auffassung ist nicht mehr ganz am Platze, wenn der Marshall-Plan verwirklicht wird.

namentlich in der Krise der Jahre 1931/33. Aber auch die These, daß durch sehr hohe Zinssätze die Kapitalbildung gefördert werde, hat sich nicht nur bei uns, sondern in der ganzen Welt als grundfalsch erwiesen. Die überhöhten Zinsen haben die Investition, damit das Sozialprodukt und dadurch wiederum das Einkommen in seiner Entwicklung entscheidend gehemmt, wodurch automatisch die Fähigkeit zur Ersparnisbildung beeinträchtigt wurde[22]).

Es erscheint uns deshalb schon wichtig, trotz des Mißverhältnisses zwischen Bedarf und Deckung die Kosten nicht zu überteuern, nicht etwa nur deshalb, weil sonst den Sparern und Kapitalanlegern ein unverdientes, arbeitsloses Einkommen in die Hände fallen würde, was zwar nach den Vorschlägen von Geheimrat Adolf Weber durch eine besondere Abgabe vom Kapitalertrag vielleicht verhindert werden könnte, sondern weil die volkswirtschaftlichen Auswirkungen stark überhöhter Zinssätze auf Erzeugung und Einkommensbildung erhebliche Hemmungen für den Wiederaufbau mit sich bringen würden.

Man muß sich allerdings darüber klar sein, daß eine künstliche Niederhaltung der Marktzinssätze, die ohne weiteres möglich ist, zwangsläufig dazu führen würde, daß die „Mangelware" Kredit bewirtschaftet werden muß, daß also irgendwelche dazu ermächtigte Stellen, seien es die Kreditinstitute oder ein Kreditaufsichtsamt, darüber zu entscheiden haben werden, nach welcher Liste der volkswirtschaftlichen Dringlichkeit Kredit an die verschiedenen Kapitalnachsuchenden „zugeteilt" werden soll. Das ist zweifellos nach den Erfahrungen, die wir mit der Bewirtschaftung im Bereiche der Güterwelt zur Genüge gemacht haben, keine sehr erfreuliche Aussicht. Aber es wird uns, wenn wir das Auswahlprinzip nach der Zinshöhe nicht für tragbar halten, kaum etwas anderes übrigbleiben. Wir werden auf jeden Fall eine totale Umkehrung der bisherigen Verhältnisse erleben. Während bisher Kredit überreichlich vorhanden und angeboten war und Güter und Dienstleistungen scharf rationiert werden mußten, werden sich nach

---

22) Siehe Anmerkung 19).

der Geldumstellung die Bewirtschaftungen im Reiche der Güterwelt nach und nach lockern und schließlich aufheben lassen, es kann dann aber im Sektor des Geldes und Kredits eine Verknappung in aller Schärfe eintreten und in irgendeiner Form eine Rationierung der verfügbaren Kreditsummen erzwingen. Nun benötigt aber der Wiederaufbau von Wohnungen, Gewerbe- und Industriegebäuden zumindest billigen Baukredit und eine niedrig verzinsliche langfristige Belehnung. Es erscheint uns aber zur Zeit sehr fraglich, wie sich der Geldmarkt in dieser Hinsicht gestalten wird. Es kann, wenn darauf nicht genügend Bedacht genommen wird, eine sehr bedenkliche Versteifung geben.

Wirkungen der Währungsreform

Gerade in der heutigen Zeit, in der sehr unterschiedliche und gegenläufige Kräfte die Wirtschaftsentwicklung beeinflussen, ist durch die Währungsreform eine weitere bedeutende Härte für die Wirtschaft entstanden. Man hatte die Menge des umlaufenden Bargeldes und den Umfang der Guthaben, die nach Ablieferung entstanden sind, vor der Reform stark überschätzt, dagegen aber die Wirkung einer zu scharfen Abwertung erheblich unterschätzt. Es wurde zwar an eine vorübergehende Schockwirkung, aber nicht an eine länger andauernde empfindliche Wirtschaftsstörung und schon gar nicht an eine Lahmlegung des Wiederaufbaues von Gewerbe- und Industriebauten gerade zur Zeit der besten Saison gedacht.

Die öffentliche wie die private Wirtschaft wurde weitgehend illiquidisiert und man wollte offenbar zwei Möglichkeiten mit einem Schlag treffen, die vorhergegangene zu große Liquidität abschöpfen und eine wenigstens teilweise Bedeckung des neuen Umlaufgeldes durch gute Warenwechsel erzwingen. Man führte nun das erstere zu drastisch durch, so daß das zweite nicht gelingen konnte. Die Devalvation des Bargeldes und der Guthaben bei den Geldinstituten im Verhältnis 10:1 und die vorläufige Blockierung des halben Restes mußten zur Folge haben, daß die Summe aller Liquiditäten erster Ordnung (Bargeld und Geldguthaben) nach der Reform nur noch etwa 10 Milliarden DM (die blockierten Guthaben nicht mitgerechnet) betrug, während diese Summe in einer modernen Kapitalkreditwirtschaft mindestens ein Viertel des Volksvermögens, also in der Trizone rd. 40 Milliarden DM betragen müßte. Es wurde den Unternehmern geraten, sich durch Wechselziehungen wieder liquid zu machen und auch im Wege des Reeskompts bei den Landeszentralbanken bzw. bei der BDL eine Wiederausweitung des Notenumlaufs zu ermöglichen. Nun ist wegen der allgemeinen Illiquidität keinem Geschäftsmann die Sicherheit gegeben, daß selbst seitens bester Schuldner fällige Verbindlichkeiten prompt erfüllt werden, man scheute sich also vor der Akzeptierung und sogar vor der Girierung von Wechseln. Demzufolge kann es auch wiederum nicht zur Ausweitung des zu knappen Notenumlaufs gegen Deckung durch Handelswechsel kommen. Auf jeden Fall können auf diese Weise nur kurzfristige Geschäfte finanziert werden und an eine Finanzierung irgendwelcher Bau- oder Investitionstätigkeit kann unter diesen Umständen nicht gedacht werden. Empfindlich macht sich auch die Behandlung der Hypothekarforderungen bemerkbar, die ohne jeden Unterschied gleichfalls nach dem Schlüssel 10:1 abgewertet wurden, obwohl hierzu u. E. nicht die geringste Notwendigkeit vorlag, denn der gemeine Wert der verpfändeten Realitäten ist in den letzten Jahren keineswegs gesunken, sondern sogar in der Regel erheblich gestiegen. Man hat durch die Abwertung der Hypothekarforderungen das gesamte Pfandbriefwesen, die festverzinslichen Obligationen aller Art, und damit die Garantien der Länder, Städte und Gemeinden für die Einlagen der sogenannten Volksgeldinstitute schwer diskreditiert. Das Vertrauen in das Pfandbriefwesen und die Garantien war trotz der Geldinflation bis zur Währungsreform so gut wie unerschüttert, und die Erhaltung wäre für die Finanzierung größerer Investitionen von grundlegender Bedeutung gewesen.

In der Gegenwart wäre noch eine Finanzierungshilfe durch die öffentliche Hand in Betracht gekommen, wenn man nicht alle Kassenbestände und Guthaben bei den Geldinstituten hundertprozentig konfiszierte und nicht die Ausstattung mit neuen Zahlungsmitteln so überaus knapp bemessen hätte. Es ist sehr fraglich, ob die öffentliche Hand in nächster Zeit in der Lage sein kann, auch nur eine indirekte Investitionsförderung durch langjährige Steuerfreiheit oder wenigstens durch Befreiung von der Lohnsteuer für den Wiederaufbau in die Wege zu leiten.

Die Bautätigkeit wird darüber hinaus von einer zweiten Seite her noch eingeengt. Es gibt z. B. große Baufirmen, die Bauaufträge und auch das nötige Baumaterial zur Durchführung haben, sich aber außerstande sehen, die Aufträge auszuführen, da sie nach der Währungsreform nicht mehr das nötige Betriebskapital besitzen, um die Arbeiter entlohnen zu können. Man hat bei der Währungssanierung offenbar nur an Wiederverkäufer und an Erzeuger marktgängiger Gebrauchsgüter, die notabene vor der Reform monatelang gehortet wurden, gedacht, nicht aber an jenen bedeutenden Sektor der Wirtschaft, in dem Ausgaben aus den Lohnfonds nur sehr langsam wieder zurückfließen, wie bei allen Baufirmen und den meisten Maschinenfabriken, abgesehen von zahlreichen anderen Leistungsbetrieben, wie etwa Architektur- und Ingenieurbüros, bei denen ebenfalls ein erhebliches liquides Betriebskapital erforderlich ist, das durch Wechselziehung nicht ersetzt werden kann.

Der wissenschaftliche Beirat des Wirtschaftsrates wies in einem Gutachten, das er Mitte Juni 1948 zur künftigen Investitionspolitik erstattete[23]), auf die sogenannte Außenhandelskasse hin, bei der durch Bezahlung in DM der von den Besatzungsmächten kreditierten Lebensmittel schon erhebliche Summen angefallen sind und wo noch ein weiterer Zufluß auf Grund der Lieferungen nach dem Marshall-Plan zu erwarten ist. Auch an die STEG.-Guthaben wurde gedacht, die durch Verkauf alliierten Heeresguts entstehen. Aber alle diese Summen sind nicht annähernd ausreichend, um auch nur eine normale Investitionsarbeit der Trizone finanzieren zu können, geschweige denn eine zum Wiederaufbau nötige übernormale Leistung. Außerdem dürfte es fraglich sein, ob die Besatzungsmächte gewillt sind, die Gut-

---

[23]) Nicht zu verwechseln mit seinem allgemeinen Gutachten vom 18. 4. 48. zur Währungsreform.

haben der Außenhandelskasse durch Finanzierung von Bauten und Investitionen zu immobilisieren. Eine weitere Möglichkeit wollen die Wissenschafter in einer Mobilisierung der beschlagnahmten Abwertungsgewinne an den Hypothekarverpflichtungen sehen. Man würde aber auf diesem Wege doch nur Pfandbriefe herausbekommen, mit denen die Arbeiter und Materiallieferanten nicht bezahlt werden könnten. Außerdem wurde die Heranziehung ausländischer Kapitalsbeteiligungen und innere Kreditausweitung vorgeschlagen. Die erste Variante haben wir schon an einer anderen Stelle dieser Schrift besprochen, gegen die letztere dürften sich Widerstände aus einer allerdings nicht ganz berechtigten Inflationsangst ergeben. Unter diesen Umständen sind auch die Ideen für die Gründung neuer Realkreditinstitute wie „Wiederaufbaubank", „Zentrale Investitionsbank", „Loan-Bank" usw. verfrüht, abgesehen davon, daß es ja an Geldinstituten, die besonders den Realkredit pflegen und das Emissionsrecht für Pfandbriefe oder Obligationen haben, keineswegs fehlt[24]). Es ist hier eine Problematik aufgetreten, die bei einer anderen Art der Währungsreform wohl hätte erspart werden können[25]).

---

[24]) Das Realkreditvolumen der Trizone wurde auf rd. 22 Milliarden RM geschätzt, eine Summe, die nun auf 2,2 Milliarden DM zusammengeschrumpft ist; davon fällt ein gutes Drittel auf die öffentlich-rechtlichen und privaten Pfandbriefinstitute.

[25]) Nach den Ergebnissen der Anmeldungen auf die Vordrucke A und B darf man wohl sagen, daß eine Zusammenlegung von 3:1 durchaus im Bereich der Möglichkeit gestanden hätte. Die auf Vordruck A angemeldeten Guthaben hätte man besser nach Devalvation 3:1 nach und nach freizugeben gehabt, um keinen zu großen Kaufdrang auszulösen. Die auf Vordruck B angemeldeten hätte man besser überhaupt nicht blockieren sollen, soweit sie für nachgewiesene Betriebsausgaben erforderlich sind. Hypothekarforderungen wären 1:1 in DM umzuwandeln gewesen. Die Geldinstitute und Versicherungsanstalten, die nicht einmal für ein Drittel ihrer Verpflichtungen gute Deckung besitzen, wären zu liquidieren gewesen unter Ergänzung der fehlenden Deckung durch Landesbeihilfen, die ja nur nach und nach im Zuge der Freigaben bzw. eintretender Versicherungseinlösungen fällig geworden wären. Eine derartige Währungsreform wäre sehr wahrscheinlich besser am Platze gewesen und hätte keinerlei Wirtschaftsstörung hervorgerufen und darüber hinaus auch Raum für den Wiederaufbau gelassen.

Es dürfte also im Augenblick nichts anderes übrig bleiben, als so lange abzuwarten, bis eine zweite Währungsreform die erste ablöst und die begangenen Fehler weitgehendst berücksichtigt. Diese Erkenntnis ist nicht nur bitter für unsere Bau- und Investitionswirtschaft, sondern auch im weitgehendsten Maße hemmend bei der Auswertung des Marshall-Planes. Aber es ist immerhin besser, sich zu ihr so schnell wie möglich durchzuringen, als sich Täuschungen hinzugeben, die mit den nackten Tatsachen der Wirklichkeit in schroffem Widerspruch stehen.

C. Die wirtschaftspolitischen Aufgaben

Um einer solchen Entwicklung zu begegnen, wird es deshalb in Zukunft eine der wichtigsten Aufgaben unserer Wirtschaftspolitik sein, die Kapitalbildung und das Kapitalangebot in jeder nur möglichen Weise zu fördern, was einmal dadurch geschehen kann, daß man den im Zins enthaltenen Risikofaktor nach Möglichkeit zu senken trachtet, daß also beim Krediteinsatz auf die Rückzahlungsmöglichkeiten aus laufenden ordentlichen Erträgen genügend Bedacht genommen wird, eine Aufgabe, die man den verantwortlichen Leitern unserer Kreditwirtschaft nicht allein anvertrauen kann. Denn sonst könnten wir erleben, daß in großem Umfange Kredite wieder einfrieren und durch eine wachsende Illiquidität unserer Wirtschaft krisenverschärfende Faktoren ersten Ranges auf den Plan treten.

Deutschland und die „Vollbeschäftigung“. Sobald sich herausstellt, daß für den Aufbau wichtige Produktivkräfte durch Divergenzen im volkswirtschaftlichen Kreislauf brachliegen, müßten entweder der Staat oder sonstige Glieder der öffentlichen Hand mit möglichst produktiven Aufträgen einspringen, wobei erforderlichenfalls die Zentralnotenbank die Mittel im Wege der Kreditschöpfung zur Verfügung zu stellen hätte, oder es müssen der Wirtschaft selbst billige Kredite aus solchen Quellen zur Verfügung gestellt werden. Die jeweilige Situation muß darüber entscheiden, welcher der beiden Wege jeweils der zweckmäßigere ist.

Eine solche Politik der „Vollbeschäftigung" erfolgreich durchzuführen, wird allerdings in einem Lande mit so ungünstigen und so unstabilen Wirtschaftsverhältnissen, wie es Deutschland zur Zeit ist, ungleich schwieriger sein, als etwa in den Vereinigten Staaten, England oder Schweden, wo in dieser Beziehung schon wichtige Voraussetzungen dafür vorhanden sind und wo die volkswirtschaftlichen Bedingungen auf den Voraussetzungen wesentlich größerer Stabilität basieren. Es wird die zentrale Aufgabe unserer künftigen Wirtschaftspolitik sein, unsere Wirtschaft durch ein schmales Fahrwasser zwischen der Scylla der Inflation und der Charybdis der Deflation sicher hindurchzusteuern. Das wird für die Leiter unserer Wirtschaftspolitik außerordentliche Kenntnisse und ein ausgeprägtes Fingerspitzengefühl voraussetzen. Scheitern wir mit dieser schwierigen Aufgabe oder bringen Wirtschaft und Bevölkerung, Arbeiter und Unternehmer nicht das Verantwortungsbewußtsein auf, eine solche Politik auch unter Opfern wirksam zu unterstützen, dann werden schwere Rückschläge auf dem Wege zum wirtschaftlichen Wiederaufstieg unvermeidlich sein. Hier und auf keinem anderen Gebiet werden wir in Zukunft die entscheidende Probe dafür zu bestehen haben, ob sich unsere junge Demokratie bewährt oder nicht.

Die hohe Steuerquote. Mit der künftig verminderten Möglichkeit einer Selbstfinanzierung und dem erhöhten Zwang zur Aufnahme von Fremdkapital wird der Zins im Verhältnis zur Rente zwar eine gegenüber der jüngsten Vergangenheit gesteigerte Bedeutung erlangen. Je kapitalintensiver die moderne Produktion wird, desto größer wird die Rolle des Zinsfußes in der Kalkulation sein, und je höher er ist, um so kritischer wird das Problem der Steuertragfähigkeit werden. Das gilt besonders seitdem die Steuersätze immer weiter hinaufgeschraubt worden sind. Darin zeigt sich vielleicht eine der auffallendsten Wandlungen in der Wirtschaftsstruktur der ganzen Welt. Bis zum ersten Weltkrieg war die Steuer als Kostenfaktor so gering, daß sie bei den wirtschaftlichen Überlegungen weitgehend außer acht gelassen werden konnte. Das ist bereits nach dem ersten Weltkrieg anders geworden, in noch viel höherem Grade jedoch nach dem jetzt hinter uns liegenden Krieg, der dazu geführt hat, daß hohe Prozentsätze des Nationaleinkommens durch Steuern absorbiert werden müssen. In Deutschland ist die Steuer zu dem geradezu beherrschenden Wirtschaftsfaktor geworden, nimmt sie doch mit Erträgen von schätzungsweise 12 Milliarden DM gegenwärtig etwa zwischen 30 und 35% des augenblicklichen Volkseinkommens von etwa 35 Milliarden DM in Anspruch. Wir werden in der nächsten Zeit damit rechnen müssen, daß diese Quote auch bei langsam steigendem Volkseinkommen nicht wesentlich absinkt, also über einem Drittel des Volkseinkommens liegen wird.

Eine solche Aussicht mag auf den ersten Blick überraschend erscheinen angesichts der Tatsache, daß diejenigen Staatsausgaben, die in anderen Ländern wesentlich dazu beitragen, die Aufrechterhaltung einer hohen Steuerlast zu erzwingen, bei uns nicht von größerem Einfluß sein werden, nämlich die Aufwendungen für Verzinsung und Tilgung der enorm angewachsenen Staatsschulden. In Deutschland wird die Reichsschuld überhaupt nicht bedient und die Reichsanleihen sowie die Reichsschätze sind annulliert worden. Allerdings werden sich aus anderen Titeln noch Reichsverbindlichkeiten ergeben, zusammen etwa 30 bis 40 Milliarden DM. Nehmen wir ihre künftige Verzinsung einmal mit 3% und die Tilgung mit 1% an, dann würde sich daraus für den Staatshaushalt des gesamten Restreiches eine jährliche Belastung von nur 1,2 bis 1,6 Milliarden DM ergeben, die im Rahmen des kommenden Staatshaushaltes keinen entscheidenden Ausgabeposten mehr darstellt. Trotzdem ist nicht zu erwarten, daß die kommenden Steuersätze sehr wesentlich gesenkt werden können. (Um eine gewisse Ermäßigung wird man allerdings bei den würgenden Steuersätzen zum mindesten im Bereiche der direkten Steuern nicht herumkommen.) Die Gründe für eine solche Erwartung liegen auf der Hand. Deutschland wird mit seiner völlig unausgeglichenen und zerrissenen Wirtschaftsstruktur noch auf einige Zeit hohe unproduktive Staatsausgaben haben. Bis das Millionenheer der Flüchtlinge wirklich produktiv in die Wirtschaft eingegliedert ist, vor allem wenn erst das Gros der deutschen Kriegsgefangenen zurückgekehrt ist, darüber werden aus oben bereits angedeuteten Gründen Jahre vergehen. Die Gesamtbevölkerung ist überaltert, Hunderttausende von Kriegsversehrten haben ihre Arbeitsfähigkeit ganz oder teilweise eingebüßt, die eigenen Ersparnisse, die für das Alter und die Arbeitsunfähigkeit zurückgelegt worden sind, fielen zum weitaus größten Teil der überaus harten Währungssanierung zum Opfer, so daß Milliardenbeträge für Wohlfahrtsfürsorge aufzubringen sein werden. Die Besatzungskosten erfordern ebenfalls, selbst bei stärkster Beschränkung, Jahresausgaben von mehreren Milliarden. Dazu kommen hohe Ausgaben für den sachlichen und personellen Apparat der öffentlichen Hand. Es sind nicht nur öffentliche Gebäude und Einrichtungen aus Steuermitteln wiederherzustellen, sondern es ist vor allem ein riesiger planwirtschaftlicher Staatsapparat durchzuhalten und zu finanzieren. Würde man heute detaillierte Haushaltspläne veröffentlichen, so würde man überrascht sein, wie hoch diese Ausgaben jetzt bereits sind.

Totale Planwirtschaft oder Marktwirtschaft? Es unterliegt keinem Zweifel, daß wir für einige Zeit angesichts des krassen Mißverhältnisses zwischen dem Güterbedarf und seiner Deckung, das, wenn auch in wesentlich gemilderter Form, auch nach der Währungsreform bestehen bleiben mag, eine detailliertere Wirtschaftsplanung und Bewirtschaftung großer Teile der Produktion und ihrer Verteilung nicht entbehren können. In gewissem Umfange wird sogar eine Wirtschaftsplanung im großen überall in der Welt zu einer Dauererscheinung werden, denn ohne sie ist eine konsequente Politik der Vollbeschäftigung undurchführbar. Das besagt aber nicht, daß wir für alle Zeit gezwungen sein werden, eine totale Reglementierung fast aller wirtschaftlichen Lebensäußerungen, wie sie sich seit Jahren bis in die Gegenwart hinein immer stärker entwickelt hat, beizubehalten. Die Aufrechterhaltung des volkswirtschaftlichen Gleichgewichts und der Vollbeschäftigung kann mit einer Wirtschaftsplanung erreicht werden, die sich auf die oberen

Regionen beschränkt und in deren Mittelpunkt eine totale Investitionslenkung und ein Ausgleich mangelnder Privatinvestitionen durch öffentliche Aufträge — notfalls mit Hilfe einer staatlichen Kreditschöpfung — stehen muß. Was nun unsere speziellen deutschen Verhältnisse betrifft, so hätten wir an privaten Investitionen auf lange Zeit hinaus keinen Mangel gehabt und infolgedessen zusätzliche öffentliche Investitionen zwecks Aufrechterhaltung unserer Vollbeschäftigung kaum benötigt, es sei denn in der ersten Übergangszeit, in der wegen des Fehlens ausreichender Rohstoffe, Energieträger usw. und infolge des noch unzureichenden Zusammenspiels der wirtschaftlichen Kräfte ein staatliches Notprogramm vor allem auf dem Gebiete der Wiederherstellung unserer Gebäudewirtschaft unentbehrlich gewesen wäre. Heute wird es kaum mehr darauf ankommen, ein Übermaß der privaten Investitionswünsche nach dem Grade der volkswirtschaftlichen Dringlichkeit zu regulieren, was mit Hilfe eines staatlichen Investitionsamtes ohne eine zu weitgehende Einzelreglementierung der Wirtschaft möglich wäre.

Wir glauben, daß die entscheidende Frage „Totale Planwirtschaft oder Marktwirtschaft" nicht nur aus der grundsätzlichen Erwägung heraus zugunsten der letzteren entschieden werden wird, daß die möglichst schnelle Wiederherstellung der marktwirtschaftlichen Grundlagen zu rascheren und gründlicheren Erfolgen des Wiederaufbaues und zu wesentlich geringeren Fehlentwicklungen führen wird, als sie in einer totalen Planwirtschaft zu erwarten sind, sondern daß auch die Kostspieligkeit der Planwirtschaft immer stärkere Kräfte gegen sie mobilisieren wird. Nun da einmal durch die Währungsreform der Geldschleier von unserer Wirtschaft abgehoben wurde, werden wir bald erkennen müssen, daß wir uns, wenn uns der schnelle wirtschaftliche Fortschritt wahrhaft am Herzen liegt, den Luxus einer Milliarden Steuermittel verschlingenden totalen Planwirtschaft einfach nicht mehr erlauben können, da die Wirtschaft als materielle Trägerin unseres Volkes sonst zusammenbrechen könnte. Denn die Steuerlast wirkt sich nach der Geldsanierung in ihrem vollen Gewicht aus, da die Puffer größerer Liquiditätsreserven der Unternehmungen und Betriebe nicht mehr vorhanden sind und Zusammenbrüche und Konkurse überall in greifbare Nähe rücken.

Kapitalbildung durch Steuersenkung. Dann wird die deutsche Wirtschaftsführung alles daran setzen müssen, die Unternehmungen und Betriebe intakt zu halten und vor einem solchen Zusammenbruch zu bewahren, und zu diesem Zwecke ist es besonders wichtig, die Steuerlast so schnell wie möglich auf ein tragbares Maß herabzusetzen. Nur dann besteht die Aussicht, aus Ersparnissen breitester Bevölkerungsschichten und aus Überschüssen der Unternehmungen und Betriebe selbst die ungeheuren Kapitalsummen nach und nach aufbringen zu können, deren wir — wie wir kurz im vorhergegangenen gezeigt haben — für den Wiederaufbau so dringend wie das liebe Brot bedürfen. Eine nur bescheidene Steuersenkung, wie sie nach der Währungsreform gekommen ist, reicht zur Erzielung des Zweckes nicht aus. Es ist unumgänglich, daß die Unternehmungen und Betriebe durch eine nachhaltige Senkung der Steuerlasten soviel Bewegungsspielraum erhalten, daß eine Mindestrentabilität gewährleistet ist. Wird eine solche Voraussetzung alles vernünftigen Wirtschaftens nicht rechtzeitig geschaffen, dann würde eine freigebige Bereitstellung billiger Kredite nichts mehr nützen, da die Unternehmungen und Betriebe dann einfach nicht mehr kreditwürdig wären. Die Kredite würden dann unweigerlich einfrieren und weitgehend verloren sein, was sich kein Kreditgeber, auch der Staat selbst nicht, leisten könnte, denn die Sparer oder die Masse der Steuerzahler würden sie dafür zur Verantwortung ziehen.

Eine Fortsetzung der die Wirtschaft abwürgenden Steuerbelastungen würde aber auch die Mängel, die durch den Wiederaufbau zu beseitigen sind, nur noch vergrößern. Man kann nicht durch Jahre hindurch Steuerlasten, die aus den geringen Erträgen nicht mehr gedeckt werden können, aus der Substanz aufbringen lassen. Das geschieht aber praktisch, wenn — wie das jetzt bereits in hohem Maße der Fall ist — die Unternehmer etwa bei Personalgesellschaften gezwungen sind, wegen der untragbaren Steuern die normalen Abschreibungsbeträge aufzuzehren, die für die Erhaltung des gegenwärtigen miserablen Standes unseres gesamten Wirtschaftsapparates über die Preise aufgebracht werden und unbedingt eingesetzt werden müssen, wenn nicht noch die Reste unserer Produktionsausrüstung „vor die Hunde" gehen sollen. Überdies würde sich unser gesamtes Finanzsystem durch eine solche Beibehaltung untragbarer Steuerlasten sein eigenes Grab schaufeln. Die Steuereingänge würden ständig sinken müssen, weil immer mehr Betriebe ertraglos werden, die Beschäftigung einschränken oder gar stillegen müssen, und auf der anderen Seite die unproduktiven Staatsausgaben über Arbeitslosenaufwendungen und Wohlfahrtsunterstützungen immer weiter anschwellen müßten. Das gegenwärtige Steuersystem wirkt solange, wie es nicht drastisch abgebaut wird, ausgesprochen deflationistisch, und eine Deflation ist das letzte, was wir für unseren Wiederaufbau künftig ertragen können. Eine Wirtschaft, die nur ein Sozialprodukt von 35 Milliarden DM zu erstellen vermag, kann unmöglich auf die Dauer meist unproduktive Aufwendungen der öffentlichen Hand aufbringen, die einschließlich der Gemeindeausgaben und sonstiger öffentlicher Lasten heute bereits bei 20 Milliarden DM liegen[26]).

Das Preiskostenproblem. Einer der schwierigsten Probleme der künftigen deutschen Wirtschaftsentwicklung und der Wirtschaftspolitik stellt das Verhältnis zwischen den Erlöspreisen und den Produktionskosten dar. Wir haben dargelegt, daß die Bedingungen, unter denen die deutsche Wirtschaft heute und in der nächsten Zukunft zu arbeiten hat, gegenüber normalen Verhältnissen grundlegende Änderungen erfahren habe. Es liegt auf der Hand, daß dadurch auf der ganzen Linie eine teilweise außergewöhnliche Steigerung sämtlicher Kosten in der Wirtschaft eingetreten ist. In zahllosen Fällen können diese Kosten auch unter größten Anstrengungen durch die erziel-

---

[26]) Die hier angeführten Zahlen beziehen sich nur auf die Bizone.

ten Preise, wie sie auf Grund der gegenwärtigen Preisvorschriften gestellt werden können, nicht mehr gedeckt werden.

Von Monat zu Monat mehrten sich bei den Preisbildungsstellen die Anträge auf Genehmigung erhöhter Preise, die aber zum weitaus größten Teil abgelehnt wurden. Praktisch wird von den Betrieben, die Preiserhöhungsanträge stellen, gefordert, daß erst ihre Liquiditätsreserven aufgezehrt sein müssen, bevor solche Anträge genehmigt werden. Innerhalb eines Unternehmens werden Preiserhöhungsanträge für einzelne Erzeugnisse, bei denen die Kosten durch die Preise nicht mehr herausgeholt werden, immer nur dann gebilligt, wenn der Durchschnitt der Preise aller in einem Unternehmen erzeugten Produkte unter den Kosten liegt, so daß auch auf die Dauer untragbare Preisdivergenzen keinen Ausgleich finden und die Unternehmen kein Interesse daran haben können, Erzeugnisse, die nur zu Verlust produziert und abgesetzt werden können, herzustellen, selbst wenn es sich dabei um volkswirtschaftlich wichtigste Erzeugnisse handelt (um ein Beispiel zu nennen, sind die Preise für Nageldraht besonders ungünstig, so daß diese Produktion, von der große Teile der Weiterverarbeitung abhängen, vernachlässigt wird).

Das Preisproblem würde sich noch verschärfen, wenn in wichtigen Zweigen der Wirtschaft Lohnerhöhungen durchgesetzt werden, womit jetzt auf dem Gebiete der Bergarbeiterlöhne der Anfang gemacht ist (es ist allgemein anerkannt, daß auch andere Lohngruppen unter dem für nötig erachteten Niveau liegen, so z. B. die Löhne der Bauarbeiter und der land- und forstwirtschaftlichen Arbeiter, die Löhne in der Baustoffindustrie usw.). Die Gewerkschaften haben bereits verschiedentlich angesichts der gestiegenen Lebenshaltungskosten die Forderung auf allgemeine Erhöhung des Lohn- und Gehaltsniveaus gestellt[27]). Würde diesen Forderungen nachgegeben werden, dann ergäbe sich daraus ein Druck auf das Preisniveau nach oben,

[27]) Kurz vor der Währungsreform kam durch die Direktive Nr. 40 die Anordnung einer 15%igen Lohn- und Gehaltserhöhung; nach der Reform erwies sie sich als praktisch undurchführbar.

der nicht länger aufgehalten werden könnte. Aber auch wenn es gelänge, bis auf kleine Korrekturen das Lohnniveau zu halten, ja gewisse Erhöhungen der Löhne sogar durch Lohnsenkungen auf anderen Gebieten auszugleichen, wie dies von ausländischen Sachverständigen z. B. für den Bereich der Metallarbeiterlöhne gefordert worden ist, dann würde man trotzdem um eine ziemlich erhebliche Steigerung des allgemeinen Preisniveaus nicht herumkommen, da eine Erhöhung der volkswirtschaftlichen Produktion undenkbar ist, wenn große Teile der Wirtschaft längere Zeit mit Verlust arbeiten müssen. Selbst wenn man es volkswirtschaftlich für tragbar halten sollte, Teile einer solchen Preiserhöhung durch eine Senkung der Handelsspannen aufzufangen, die aber bereits heute vielfach unter den Mindeststand reduziert worden sind, würde z. B. nach Auffassung amerikanischer Sachverständiger eine Erhöhung des allgemeinen deutschen Preisniveaus um durchschnittlich 20 bis 25% bei unveränderten Löhnen und Gehältern unvermeidbar sein. Die Erzeugerpreise der Industrie dürften sich bis Ende 1947 um 20 bis 50% gegenüber den Vorkriegspreisen erhöht haben, dagegen haben sich die Verbraucherpreise erheblich verringert. So stellte sich gegen die Basis vom September 1944 der Index der gesamten Lebenshaltungskosten auf 118,6, der der Ernährungskosten auf 122,9, der Heizungs- und Beleuchtungskosten auf 119,6 und der für Bekleidungsausgaben auf 119; die Wohnungsmieten erfuhren keine Erhöhung. Die Preisbewegung war weder in der US-Zone noch in der Doppelzone einheitlich.

Der Lohnindex hielt mit dem Preisindex keineswegs Schritt, und es ergaben sich zu ungunsten der Werktätigen Verschiebungen, die besonders für die unteren Lohnkategorien drückend waren.

Starker Rückgang der Arbeitsproduktivität. Die Gründe für die erhebliche allgemeine Kostensteigerung in Produktion und Vertrieb liegen auf der Hand. Zunächst einmal sind die vorhandenen Produktionsanlagen in den meisten Wirtschaftszweigen auch nicht annähernd voll ausgenutzt, vielfach beträgt die Ausnutzung der noch vorhandenen tatsächlichen Kapazität weniger als die Hälfte. Dadurch steigen die sog. fixen Kosten außerordentlich an und machen heute und in der nächsten Zeit einen stark erhöhten Prozentsatz der Gesamtkosten aus. Sie werden erst gesenkt werden können, wenn wirksame Fortschritte in Richtung auf eine Vollproduktion erzielt werden, wozu gegenwärtig wenig Aussicht besteht, da infolge des Mangels an Kohle, Energie und des Auslaufens der noch vorhandenen Rohstoffe heute sogar eine klare Tendenz zur Produktionseinschränkung und damit zu einer weiteren Erhöhung der fixen Kosten gegeben ist. Hinzu kommt, daß in vielen Betrieben erhebliche Arbeitskräfte mit Aufräumungsarbeiten beschäftigt sind, daß also die dafür gezahlten Löhne und Gehälter nicht zur Erhöhung der Produktionserlöse beitragen.

Wohl der wesentlichste Faktor der Kostensteigerung ist die beträchtliche Erhöhung der Lohnkosten pro Einheit des erzeugten Produkts, hervorgerufen durch eine Verminderung der allgemeinen Arbeitsfähigkeit und Arbeitswilligkeit. Die Lohnkosten pro Einheit des Produkts liegen heute in vielen Betrieben bereits über dem Doppelten des Normalstandes. Leider fehlen exakte Daten, die als typisch angesehen werden könnten.

Immerhin sei hier einmal der Versuch gemacht, an dem Beispiel Bayern r. d. Rh. festzustellen, in welchem Umfange gegenüber dem Normaljahr 1936 die Werte der Brutto- und Nettoproduktion gesunken sind und welchen Anteil damals und heute die Aufwendungen für Löhne und Gehälter an den Bruttoproduktionswerten hatten. In der bayerischen Industrie (ohne Bauindustrie, Elektrizitäts- und Gaswirtschaft) stellte sich der Bruttoproduktionswert im Jahre 1936 nach damaligen amtlichen Erhebung auf 3,52 Milliarden RM, der Nettoproduktionswert (also nach Abzug der verbrauchten Roh- und Hilfsstoffe), der die eigentliche Wertbeschaffung repräsentiert, auf rd. 1,90 Milliarden RM. Legt man die an sich recht günstigen Verhältnisse von Mai 1946 für ein ganzes Jahr zugrunde (sie haben sich neuerdings aus den geschilderten Gründen nicht unwesentlich verschlechtert), dann kommt man für den gleichen

Kreis der Industrien auf einen Bruttoproduktionswert von 2,34 Milliarden RM und einen Nettoproduktionswert von 1,21 Milliarden RM. Dies bedeutet, daß die Bruttoproduktion 1946 nur noch 66,5% von 1936 und die Nettoproduktion 63,8% von 1936 ausmachte. Dabei ist noch zu berücksichtigen, daß in den letzten 10 Jahren einige Industrien in Bayern besonders stark ausgebaut worden sind, namentlich die chemische Industrie. Läßt man sie heraus, dann sinken die Prozentsätze der Brutto- und Nettoproduktion, gemessen an dem Stande von 1936, auf 61,8 bzw. 58,8%. In diesen Zahlen kommt schon zum Ausdruck, in welch beträchtlichem Ausmaß die Produktion heute unter dem Normalstand liegt. Die Löhne und Gehälter hatten im Mai 1946 einen Anteil an den gesamten Bruttoproduktionswerten von rd. 27%. Im Jahre 1936 dagegen betrug in Deutschland nach der amtlichen Produktionserhebung der Anteil der Löhne und Gehälter am gesamten Bruttoproduktionswert nur 20,82%. Diese Zahlen lassen darauf schließen, daß tatsächlich der Lohn- und Gehaltsanteil an den gesamten Produktionswerten bereits eine wesentliche Steigerung erfahren hat und daß dies in erster Linie auf den Rückgang der Arbeitsproduktivität zurückzuführen ist. Weitere Kostensteigerungen ergeben sich aus den starken Schwankungen des Produktionsganges infolge des Auftretens immer neuer Engpässe bei Roh-, Betriebs- und Hilfsstoffen, den Störungen im Strom- und Gasbezug, in der Kohlenzufuhr, durch die Notwendigkeit der Verwendung teurerer Austauschstoffe bei Rohstoffen, Halb- und Fertigerzeugnissen, durch Betriebsstörungen infolge des schlechten Zustandes von Maschinen und Einrichtungen und der Unmöglichkeit, erforderliche Ersatzteile rechtzeitig zu beschaffen, durch die Zerreißung früherer und oft allein natürlicher Liefer- und Absatzbeziehungen, Frachtenverteuerung, durch den Zwang, notfalls auch einmal stark überteuerte Preise für einzelne Materialien anzulegen, wenn der Betrieb sonst ins Stocken oder ganz zum Stillstand zu kommen droht, durch das Fehlen eingearbeiteter Fachkräfte, erhöhte Aufwendungen für soziale Betriebseinrichtungen, wie Werksküchen, mangelhafte Qualität mancher Energiestoffe, Rohstoffe usw., um nur einige von zahlreichen Faktoren zu nennen.

Notwendigkeit einer beweglicheren Preispolitik. Sicherlich werden mit wachsender Normalisierung der Produktionsverhältnisse und mit zunehmender Beseitigung künstlicher Zonenschranken, einer Verbesserung der allgemeinen Ernährungslage und nicht zuletzt mit der Beseitigung des Geldüberhanges und der erhofften Möglichkeit einer ausreichenderen Einfuhr ausländischer Roh- und Hilfsstoffe manche Verteuerungsfaktoren nach und nach wieder wegfallen. Trotzdem kann man den Unternehmungen und Betrieben nicht zumuten, bis zu einer solchen Korrektur ständig mit Verlust zu arbeiten, da der Prozeß einer Rückbildung überteuerter Kosten in vielen Fällen ein sehr langwieriger sein wird.
Was wir daher in der nächsten Zeit dringend brauchen, ist der Übergang zu einer beweglicheren Preispolitik, die zwar ein völliges Auseinanderfallen des allgemeinen Preisgefüges nicht wagen kann, die aber gewisse Preisauflockerungen bei zweifelsfreier Unrentabilität jedenfalls vorübergehend zulassen muß, um sie bei jeder Senkung von Kostenfaktoren entsprechend wieder rückgängig zu machen. Auch diejenigen, die glauben, daß bürokratische Preisbehörden eine solche Preispolitik praktisch gar nicht bewältigen können, mögen sich damit trösten, daß nach einer Beseitigung des Kaufkraftüberhanges mit Sicherheit die natürlichen Selbstregulierungskräfte des Marktes, also des Leistungswettbewerbs, immer stärker werden und immer weitere Marktteile ihrem unerbittlichen Gesetz unterwerfen werden. Nach der Währungsreform ist auch bereits eine Auflockerung eingetreten und sie hat die erwarteten oder unerwarteten Preiserhöhungen gebracht.
Das wird um so mehr der Fall sein, als ja bereits jetzt alle künstlichen Einschränkungen des Wettbewerbs, die in den letzten Jahrzehnten die Marktwirtschaft mehr und mehr verfälscht haben, fortfallen werden. Die Kartelle und Syndikate sind beseitigt, Konzerne und Trusts zerschlagen. Künstliche Organisationen in Richtung auf

Angebotsmonopole oder Teilmonopole werden nicht mehr einen natürlichen Wettbewerb einschränken oder unterbinden, und bei den natürlichen Monopolen bestehen genügend Kontrollmöglichkeiten, um Auswüchse zu verhindern. Zum ersten Male seit langer Zeit hat die deutsche Wirtschaft die Chance, der Welt den Beweis zu erbringen, was eine wirklich freie Marktwirtschaft für den wirtschaftlichen Fortschritt zu leisten vermag. Man sollte ihr eine solche Chance nicht von vorneherein dadurch nehmen, daß künstliche Monopole von der Nachfrageseite her länger als nötig den der breiten Masse der Verbraucher allein zugute kommenden Wettbewerb behindern oder daß durch eine kurzsichtige Lohn- und Preispolitik ein solcher Fortschritt unmöglich gemacht wird. Denn sonst würde man die Unternehmungswirtschaft zwingen, den Leistungskampf durch Umgehungen bestehender Vorschriften doch wieder einzudämmen, oder man würde das gesamte Unternehmertum zugrunde richten und damit die Kräfte der Initiative, des Wagemuts und der Selbstverantwortung für alle Zukunft lahmlegen und an ihrer Stelle die ungeheueren bürokratischen Hemmungen einer staatlichen Kommandowirtschaft verewigen. Den Nachteil dieser letzteren Entwicklung hätte ohne Zweifel die Masse der deutschen Verbraucher, praktisch also das ganze deutsche Volk. Gerade in der nächsten schwierigen Übergangszeit kann eine weitsichtige und auf Wiederherstellung eines natürlichen freien Kräftespieles gerichtete Preis- und Lohnpolitik entscheidende Voraussetzungen für einen schnellen Wiederanstieg unserer Wirtschaft und für ihren höchstmöglichen Fortschritt in technischer und wirtschaftlicher Hinsicht schaffen.

Im Verein mit einer vernünftigen inneren Kreditpolitik, die geschickt zwischen Inflation und Deflation hindurchlaviert, mit einer aufbauenden Finanz- und Steuerpolitik, die auf die Grenzen der volkswirtschaftlichen und betriebswirtschaftlichen Leistungsfähigkeit Bedacht nimmt, mit einer Währungspolitik, die den jeweiligen Preis- und Kostenparitäten zwischen der deutschen Wirtschaft und den ausländischen Volkswirtschaften Rechnung trägt und sowohl ein ausgesprochenes Dumping als auch eine Wettbewerbsunfähigkeit deutscher Waren am Weltmarkt vermeidet, einer allgemeinen Beschäftigungspolitik, die nicht allein auf eine Vollbeschäftigung um jeden Preis hinsteuert, sondern dabei strukturelle Fehlleitungen der verfügbaren Produktivkräfte und damit eine dauernde falsche Struktur unseres Wirtschaftsaufbaues verhindert, kann eine aufbauende Preis- und Lohnpolitik geradezu Wunder wirken.

Die unumgängliche Kohlenpreiserhöhung. Die unbedingte Notwendigkeit einer starken Heraufsetzung der Kohlenpreise in Deutschland war seit langem unbestritten. Während der Erlös z. B. bei der Ruhrkohle 14,90 RM je Tonne betrug, haben die Selbstkosten der Kohlenerzeugung unter Zugrundelegung einer Tagesförderleistung von 260000 bis 270000 t bis zu 30 RM je Tonne betragen. (Sie haben z. Zt. der niedrigsten Förderleistung des vergangenen Jahres bereits den Betrag von 32 bis 33 RM je Tonne erreicht gehabt.) Im einzelnen sind naturgemäß die Erzeugungskosten sehr unterschiedlich. Sie betragen aber selbst bei den modernsten Zechen mit günstigen Abbaubedingungen heute bereits wesentlich mehr als der Erlös und sind mit etwa 19 bis 20 DM im günstigsten Falle zu veranschlagen. Bei Zechen mit den ungünstigsten Abbaubedingungen liegen die Kosten weit über 30 DM je Tonne.
Es ist bekannt, daß namentlich hinsichtlich der Ruhrproduktion umfassende Subventionen an den Kohlenbergbau laufend gewährt werden mußten. In der Ist-Rechnung des Zonenhaushalts für die britische Zone für das Rechnungsjahr 1946/47 sind allein die Ausgaben für Stützungsmaßnahmen der Kohlen- und Stahlindustrie mit 1052 Millionen RM angesetzt. Einschließlich der Preisstützungsmaßnahmen für die Landwirtschaft in der britischen Zone im Betrage von 218 Millionen RM in 1946/47 und einiger sonstiger Subventionsmaßnahmen belief sich die Subventionsbelastung des Zonenhaushalts der britischen Zone schon damals auf rd. 1,32 Milliarden RM. Es ist bemerkenswert, daß diese Summe genau dem Defizit von 1,32 Milliarden RM entspricht, das tatsächlich in 1946/47 im britischen Zonenhaushalt entstan-

den ist und dessen Deckung bis zum heutigen Tage noch nicht gelungen ist. Inzwischen hat sich der Umfang der Subventionsleistungen aus verschiedenen Gründen erhöht. Er macht allein im Kohlenbergbau, also ohne die Eisen- und Stahlindustrie, rd. 1,1 Milliarden RM aus. Es liegt auf der Hand, daß dieser Zustand so schnell wie möglich beendet werden mußte, und zwar noch vor der Währungsreform, weil es untragbar schien, daß nach der Währungsreform das gesamte Preisgefüge über eine Erhöhung der Preise für Kohle und Stahl und Eisen eine Verschiebung nach oben erfahren hätte, durch die das Vertrauen in die Stabilität des neuen Geldwertes beeinträchtigt würde. Vor allem aber konnte der Aufwand für Subventionen unmöglich auch nur eine kurze Zeit nach der Währungsreform aufrechterhalten bleiben, da das an sich schon prekäre Problem des Ausgleichs der öffentlichen Haushalte dadurch noch eine Verschärfung erfahren hätte. Es ist deshalb zur Kohlenpreiserhöhung gekommen, leider so spät, daß die Auswirkungen auf das übrige Preisniveau nicht mehr vor der Währungsreform zu Ende kommen konnten. Da die zugestandene Erhöhung nicht ausreichte, wurde eine weitere Erhöhung um 7½ DM je Tonne ab 1. August 1948 vorgenommen.

Bayern ist an dem Problem der Kohlenpreise in erster Linie als Verbraucher interessiert. Es ist aber doch auch mehr als ein Schönheitsfehler, daß die bayerischen Kohlengruben mit hohen Verlusten arbeiten, so daß einzelne Gruben zu ihrem Ausgleich bereits Kredite aufgenommen haben, die das Doppelte des Aktienkapitals übersteigen, daß also auch hier bereits eine hoffnungslose Überschuldung eingetreten ist. Im übrigen wurden für sog. Preßsteine 100 RM pro Tonne bezahlt. Einige kleinere hessische Gruben haben ihre Kohlenpreise bis auf 43 RM die Tonne erhöht. Es herrschte also ein auf die Dauer untragbarer Zustand.

Von alliierter Seite ist ursprünglich eine Heraufsetzung der Kohlenpreise um 8 RM die Tonne vorgesehen gewesen. Eine solche Preiserhöhung wäre wohl gänzlich unausreichend gewesen, da auch dann noch auf Basis einer bisher noch nicht erreichten arbeitstäglichen Kohlenerzeugung von 300000 t Subventionen in Höhe von 43 Millionen RM monatlich, also mehr als eine halbe Milliarde RM im Jahr nötig gewesen wären. Selbst bei einer Kohlenpreiserhöhung von 10 RM je Tonne hätten sich die Subventionen bei 300000 t arbeitstäglicher Förderung noch auf über 30 Millionen RM monatlich gestellt. Dabei ist noch nicht berücksichtigt, daß gegenwärtig in erster Linie die mächtigsten Flöze abgebaut werden, daß man aber zur Vermeidung eines weiteren Raubbaues auf Flöze von geringerer Mächtigkeit zurückgreifen muß, wodurch sich selbstverständlich die Erzeugungskosten erheblich steigern. Außerdem sind bei den genannten Selbstkostenpreisen nur Abschreibungssätze von 1,66 RM je Tonne zugrunde gelegt, die auf die Dauer zu niedrig sind, da gerade im Bergbau Verbesserung und Erneuerung der gesamten technischen Einrichtungen dringend erforderlich sind. Auch auf einigen anderen Gebieten ist eher mit einer Erhöhung der Kosten zu rechnen. Erst mit einer Steigerung der Schichtleistung könnte eine namhafte Senkung der Kosten erreicht werden. Sie würde aber selbst bei einer Schichtleistung von fast 1600 kg und einer Tagesförderung von 400000 t kaum so weit reichen, daß die Erzeugungskosten im Durchschnitt wesentlich unter 25 DM je Tonne heruntergehen. Überdies ist eine solche Entwicklung von Bedingungen der besseren Ernährung und einer Steigerung der Arbeitswilligkeit abhängig, die gegenwärtig allerdings einigermaßen erreicht wurde. Es würde trotzdem volkswirtschaftlich ein Fehler sein, wenn man sich in der Hoffnung auf eine schnelle Erhöhung der Tagesförderung und der Schichtleistung mit der vorgenommenen Erhöhung des Kohlenpreises begnügen würde, da mit Sicherheit anzunehmen ist, daß die Selbstkosten vorerst noch erheblich über den revidierten Preisen liegen. Überdies haben die zu niedrigen Kohlenpreise dazu geführt, daß wir bei der Verrechnung unserer Exportkohle stark benachteiligt wurden. Wir wollen kurz auch die Auswirkungen schildern, die sich durch die notwendige Verdoppelung des Kohlenpreises vom Standpunkt des Verbrauchers aus ergeben würden. Es ist klar, daß diejenigen Teile des Kohlenabsatzes, die über Einzelhändler an den Haushaltsverbrauch gehen oder auch an den Verbrauch für kleinere Gewerbebetriebe usw., noch eine zusätzliche Preisbelastung erfahren müßten, da die Aufschläge des Einzelhandels für Transport, Lagerung, Gewichtsverlust, Risiko, Kapitalsverzinsung, Umsatzsteuer usw. entsprechend steigen müssen. Würde der Kohlenpreis um 100% erhöht werden, dann müßte der Einzelhandelspreis etwa um 125% steigen. Immerhin wird dies für die Lebenshaltungskosten nicht übermäßig ins Gewicht schlagen, denn es wird geschätzt, daß durch eine Kohlenpreiserhöhung nur eine Verteuerung der Lebenshaltung um etwas über 2% eintreten würde.

Anders liegen die Verhältnisse beim industriellen Verbrauch, aber auch hier ergeben sich außergewöhnlich hohe Unterschiede des Anteils der Kohlenkosten an den Gesamtkosten der Industrie. Vor dem Kriege betrugen die Kohlenkosten bei 74% des gesamten Produktionsvolumens unter 1%. Wenn sich in dieser Gruppe auch durch geringe Kapazitätsausnützung sicherlich eine Erhöhung etwa auf das Doppelte, also vielleicht 2%, ergeben hat, so bleibt doch für diesen Teil der Industrie ebenso wie für die Landwirtschaft und das Handwerk als Regel, daß eine Kohlenpreiserhöhung keine besondere Rolle spielen wird, so daß es wohl als möglich erscheint, davon abzusehen, daß die gestiegenen Kosten auf die Preise abgewälzt werden.

In einer Reihe von Industriezweigen dagegen macht die Kohle als Kostenfaktor erheblich viel mehr aus. Nach einer Untersuchung zu Beginn des Krieges betrug der Anteil der Kohlenkosten an den Gesamtkosten in der Eisen- und Stahlindustrie 13,8%, im Bergbau (ohne Kohle) 7,7%, in der Metallindustrie 2,3%, in der Kraftstoffindustrie 7,6%, in der Chemie im Durchschnitt nur 2,5%, wobei jedoch in einzelnen Teilen der chemischen Erzeugung der Anteil auf ein Mehrfaches steigt, in der Papier- und Zellstoffindustrie 4,7%, bei den Gießereien 3%, in der Industrie der Steine und Erden im Durchschnitt 7,4%, dabei aber z. B. bei Zement und feuerfesten Steinen 11,1% und bei Ziegeleien und Kalkwerken 12,7%, in der Glasindustrie 3,9%, in der Zuckerindustrie 4,8%. Unvermeidliche Rückwirkungen einer Kohlenpreiserhöhung ergeben sich vor allem in der Elektrizitätserzeugung, wo der Anteil der Kohlenkosten

25% ausmacht, und bei den Gaswerken mit einem Anteil von 28%. Es ist also zu berücksichtigen, daß in gewissem Umfange eine Kohlenpreiserhöhung kumulierende Auswirkungen über eine Verteuerung des Stroms, des Gases, gewisser Rohstoffe usw. auf das gesamte Preisgefüge haben würde, ohne daß sich das Ausmaß der Steigerung des allgemeinen Preisniveaus schon jetzt genauer vorhersagen ließe. Rechtzeitig hätte der Wegfall der Subventionen namentlich bei der Kohle, aber auch bei Eisen und Stahl, einigen landwirtschaftlichen Produkten in der britischen Zone usw. durch entsprechende Preiserhöhungen sehr leicht eine Korrektur des Preisgefüges ermöglicht, zumal die Lasten der Kohlenpreiserhöhung für die ganze Volkswirtschaft ja keine Steigerung erfahren, da die Subventionen auch heute aus Steuermitteln aufgebracht werden müssen. Eine solche Korrektur aber erst kurz vor der Währungsreform durchgeführt, mußte volkswirtschaftlich beträchtlichen Schaden anrichten.

Durch die Kohlenpreiserhöhung wird man den Kohlenengpaß selbstverständlich nicht beseitigen. Es hat auch nach dem ersten Weltkrieg volle 5 Jahre gedauert, ehe die Kohlenwirtschaft Europas wieder in ein Gleichgewicht kam. Damals waren die Kriegszerstörungen bei weitem nicht so stark wie nach dem zweiten Weltkrieg, und hier wird der Wiederaufbau allein sehr bedeutende Kohlenmengen verschlingen. Bis jetzt haben nur Frankreich, Polen und die Tschechoslowakei ihre Vorkriegsleistung der Kohlenförderung wieder erreicht und teilweise sogar überschritten. Die beiden Hauptversorgungsländer Europas, Großbritannien und Deutschland, dagegen sind noch weit unter ihrem Vorkriegsstand zurückgeblieben. Trotz forcierten Ausbaues und Mechanisierung in den Betrieben sowie Gewährung besonderer Vorteile für die Kumpel gewinnen die britischen Zechen noch nicht so viel, um den Bedarf Großbritanniens zu decken. Das Ruhrgebiet förderte vor dem Kriege durchschnittlich 423000 t je Arbeitstag. Anfang 1947 betrug die Förderung die Hälfte des Vorkriegsstandes und Ende 1947 immer erst 300000 t. Das bedeutet, daß Deutschland mit diesen Mengen an Leistung nicht die eigene Wirtschaft erhalten und beleben kann und dennoch bedeutende Mengen Kohle an Frankreich und andere Länder abgeben muß. Nun hätte eine größere Leistung zur Zeit nicht einmal viel Sinn, denn die Transportlage ist immer noch einer unserer größten Engpässe und die Reichsbahn wäre nicht in der Lage, mehr abzutransportieren. Demzufolge hat die Reichsbahn schon im Herbst 1947 ein Wiederaufbauprogramm[28]) für den Wagen- und Lokomotivpark aufgestellt, um wenigstens in zwei Jahren auf ähnliche Verkehrsverhältnisse zu kommen, wie sie vor 1939 bestanden haben. Es handelt sich hierbei um eine der vernünftigsten Planungen für den Wiederaufbau, die bisher zustandegekommen sind. Der Plan ist in Ausführung begriffen, und man darf mit einiger Sicherheit sagen, daß bis 1950 der schlimmste Transport- und Verkehrsengpaß überwunden sein dürfte.

Die deutsche Wirtschaft und der Marshallplan. Die industrielle und handwerkliche Produktion Westeuropas hatte mengen- und gütemäßig ihre Hauptsitze in Großbritannien, Deutschland und Frankreich. Auf dem europäischen Kontinent waren Deutschlands Außenhandelsbeziehungen am intensivsten und ausgedehntesten. Die auf das höchste veredelten Handelsgüter boten allen übrigen Ländern Europas Vorteile und gaben damit die Grundlage auch für eine Ausfuhr nach Deutschland. Hier zeigte sich die wechselseitige Bedingtheit von Ein- und Ausfuhr besonders deutlich.

---

[28]) Danach soll der Wagenpark durch die Reparatur von 50000 Wagen der Schadensklassen 94 und 95 bis März 1949 auf rd. 300000 Wagen erhöht werden. Das würde für den Marshallplan, der 320000 Wagen erfordern dürfte, noch nicht ausreichen. Deshalb soll Anfang 1949 mit dem Neubau von 21022 Wagen begonnen werden, darunter 9000 offene Vierachser, deren verkehrstechnischer Wert doppelt so groß ist als der der G-Wagen, so daß der Neubau eigentlich einer Erhöhung des Fahrparkvolumens um 30000 normale Wagen entspricht. Weiter soll der Lokomotivpark durch Reparatur beschädigter Maschinen auf einen Erhaltungsbestand von rd. 10000 Lok gebracht werden. Ab 1950 ist der Neubau von Lokomotiven allgemein wieder gestattet und dann ist ein Abbau der stark übersetzten Typenzahl von 98 auf 20 Einheitstypen geplant. Die Ausführung des Programms ist durch die Währungsreform teilweise gefährdet.

Will man, daß Deutschland in der Gegenwart seine so wichtige Rolle im Zusammenspiel der europäischen Produktionskräfte wieder aufnehmen soll, so muß man zumindest dafür Sorge tragen, daß sich Deutschland die erforderlichen Nahrungsmittel und Rohstoffe beschafft, und es dürfte auch für die Produktionsüberschüsse seiner europäischen Außenhandelspartner nur so weit aufnahmefähig sein, als diese Partner bereit sind, ihrerseits Erzeugnisse des deutschen Gewerbes abzunehmen. Andernfalls würde sich Deutschland besonders schwer tun und keine Möglichkeiten der Bezahlung seiner Importe aus diesen Ländern haben.

Man steht hierbei vor einem Problem der Wirtschaftsgestaltung von kontinentaler Größenordnung, dessen Lösung oder Nichtlösung unabdingbar davon abhängt, ob man Deutschland wieder in den Welthandel eingliedert oder ausschließt. Der Krieg hat die Wirtschaft des Abendlandes aus einem stabilen Gleichgewicht geworfen und es dürfte nur recht und billig sein, danach zu trachten, sie nach Möglichkeit so wiederherzustellen, wie es einmal war. Damit ist für die Zukunft auf Gedeih und Verderb der ganze europäische Kontinent verbunden und es kommt entscheidend darauf an, wie man das historische Schicksal einer Völkergemeinschaft, deren Glieder untrennbar aufeinander angewiesen sind, meistern wird.

Vor dem zweiten Weltkrieg bestritt Europa mit 25 Milliarden Dollar mehr als die Hälfte des gesamten Außenhandels der Welt, zwei Drittel der europäischen Ausfuhrgüter blieben in Europa selbst. Diese breite Grundlage der europäischen Eigenversorgung war die Ursache der Stabilität der Wirtschaft der Alten Welt. Selbstverständlich war dies damit verbunden, daß der europäische Kontinent eine Menge von kleinen Wirtschaftsräumen aufweist, zwischen denen vieles ausgetauscht werden muß, was in größeren Wirtschaftsräumen wie in den USA. und in der Sowjetunion nur im Binnenhandel vorkommt. Im Rahmen des Marshallplanes liegen nun die 10 wichtigsten Industrieländer West- und Mitteleuropas. Sie haben von 15,2 Milliarden Dollar der Gesamteinfuhr Europas aus anderen Erdteilen 1937 rd.

12,7 Milliarden Dollar oder 84% aufgenommen und waren mit einer ähnlichen Quote auch an der Ausfuhr Europas nach anderen Weltteilen beteiligt. Dabei ergänzten sich die europäischen Industrieländer gegenseitig weit vorteilhafter, als es den europäischen Agrarländern unter sich möglich war. Besonders für diese war der Austausch mit den europäischen Industrieländern vom größten volkswirtschaftlichen Vorteil, während die Industrieländer ihren Einfuhrbedarf an Agrarprodukten sehr wohl auch im Tausch mit außereuropäischen Ländern bewerkstelligen konnten. Demgegenüber würden die europäischen Agrarländer bei der Beschreitung des gleichen Weges mit dem Absatz ihrer Überschüsse auf große Schwierigkeiten stoßen, weil diese außerhalb Europas kaum benötigt werden. Die Kopfquoten am Außenhandelswert waren vor dem Krieg in den am Marshallplan beteiligten Ländern durchschnittlich 81 Dollar, in den übrigen europäischen Ländern 13 Dollar jährlich. Der Außenhandel betrug in den gleichen Ländern 1938 rd. 12,2 Milliarden Dollar in der Einfuhr und fast 9 Milliarden Dollar in der Ausfuhr. Der Außenhandel der übrigen europäischen Länder war nur ein bescheidener Bruchteil davon. Am stärksten aber war die Verflechtung der deutschen Wirtschaft mit der Europas im Jahre 1929. Hier wurde ein Exportrekord aufgestellt mit rd. 14 Milliarden RM Ausfuhrwert bei 13 Milliarden Einfuhrwert, während der entsprechende Importrekord schon 1927 vorlag. Fast 60% dieses Handelsvolumens entfiel auf den Verkehr mit europäischen Partnern. In jenen Jahren betrug der Wert der deutschen Ausfuhr rd. ein Viertel des Wertes der deutschen Gesamtproduktion, während im Weltdurchschnitt nur etwa 10% des Wertes der Weltproduktion zur Ausfuhr gelangten. Von der Höhe des Jahres 1929 wurde man durch die Weltkrise 1929/31 im Ausfuhrwert um 60, im Einfuhrwert um über 40% herabgeworfen. Zwar ist der Wertumfang kein ganz richtiger Maßstab, denn auf dem Weltmarkt trat in der Krise eine Ermäßigung des Preisniveaus um 25 bis 30% ein. Aber auch am Mengenumfang gemessen war die Einbuße ernst genug, denn sie betrug in der Ausfuhr rd. 45, in der Einfuhr über 30%.

Ländergruppen	Ernährungswirtschaft			Gewerbliche Wirtschaft								
				Rohstoffe			Halbwaren			Fertigwaren		
	Einfuhr	Ausfuhr	Überschuß	Einfuhr	Ausfuhr	Überschuß	Einfuhr	Ausfuhr	Überschuß	Einfuhr	Ausfuhr	Überschuß
	Millionen RM											
Marshallplanländer	667	37	— 630	573	391	— 182	345	263	— 82	287	2077	+ 1790
Übriges Europa	417	11	— 406	243	59	— 184	214	97	— 117	67	774	+ 707
Außereuropa	801	31	— 770	990	50	— 940	365	109	— 256	43	1412	+ 1369
Welt insgesamt	1885	79	— 1806	1806	500	— 1305	924	468	— 455	397	4623	+ 3866
	vH											
Marshallplanländer	35	47	—	32	78	—	37	56	—	72	49	—
Übriges Europa	22	14	—	13	12	—	23	21	—	17	18	—
Außereuropa	43	39	—	55	10	—	40	23	—	11	33	—

Anmerkung: Die Zahlen sind als Durchschnittswerte aus den Statistischen Jahrbüchern des Deutschen Reiches für die Jahre 1936, 1937 und 1938 errechnet.

Die Autarkiepolitik des Dritten Reiches brachte es mit sich, daß man noch 5 Jahre auf diesem Tiefstand blieb und die Außenhandelszahlen erst ab 1936 einen leichten Trend nach aufwärts erhielten. Vorstehende Tabelle vermittelt einen Überblick über die Gesamtausfuhr des Reiches in den betreffenden Gütergruppen. (S. 81.)
Daraus ist feststellbar, daß die Außenhandelsverflechtung Deutschlands mit den Marshallplanländern und mit dem übrigen Europa stark überwiegt, und daß Deutschland für diese Länder weitgehend Veredlungsarbeit leistete. Die hochwertige deutsche Arbeit war für diese Länder ebenso ein Bedürfnis wie der deutsche Absatzmarkt für ihre Überschüsse an Nahrungsmitteln, Getränken, Rohstoffen und Halbwaren. Gewisse Änderungen mögen sich durch den zweiten Weltkrieg ergeben haben, in der Hauptsache muß das Bedürfnis nach einer starken Außenhandelsverflechtung bestehen geblieben sein, denn es ist einfach geopolitisch bedingt.
Durch die Einbeziehung Deutschlands in den Marshallplan wird der Doppel- und französischen Zone die Möglichkeit des wirtschaftlichen Wiederaufbaus gegeben und die Läger an ausländischen Rohstoffen und Halbwaren können einigermaßen wieder aufgefüllt werden. Nun macht man sich über den Anteil der Doppelzone an der in Höhe von 5300 Millionen Dollar vorgesehenen Hilfe für die Teilnehmer am Wiederaufbauprogramm ERP[29]) nicht nur in Deutschland, sondern

[29]) Paul G. Hoffmann, der Administrator des ERP, hat am 20. 4. 48 dem Bewilligungsausschuß des Repräsentantenhauses in Washington eine Übersicht zugeleitet, wie die Verteilung des ERP nach Ländern und Warengruppen im ersten Jahr vorgesehen ist. Auf Grund dieser Übersicht sind folgende finanziellen Zuteilungen vorgesehen:

Großbritannien und Kolonien . . .	1324,3	Millionen Dollar
Frankreich und Kolonien	1130,8	,, ,,
Italien	703,6	,, ,,
Niederlande und Kolonien	599,6	,, ,,
Bizone	437,4	,, ,,
Belgien, Luxemburg und Kolonien .	295,5	,, ,,
Österreich	185,6	,, ,,
Dänemark	130,8	,, ,,
Irland	113,9	,, ,,

auch im Ausland ganz zweifelhafte Vorstellungen. Die Exporterlöse der Doppelzone dürften am Marshallplan etwa 700 Millionen Dollar betragen. Die Aufwendungen des für die amerikanische Besatzungszone verantwortlichen amerikanischen Kriegsministeriums im Rahmen des „Unrest and Disease"-Programms werden im Marshallplan zwar ähnlich hoch sein wie 1947, nämlich sich auf etwa 700 bis 800 Millionen Dollar belaufen.

Dies ist der Wert der Einfuhren, die in den Außenhandelsstatistiken der Doppelzone als Kategorie A erscheinen. Als dritte Quelle zur Bestreitung des bizonalen Einfuhrbedarfs sind die britischen Vorräte von etwa 100 bis 200 Millionen Dollar anzusehen, die indessen in dem genannten Betrag miteingeschlossen sein dürften. Aus diesen drei Quellen können also Einfuhren von rd. 1500 Millionen Dollar gedeckt werden. Bei Einfuhren von 1960 Millionen Dollar verbleibt also in der bizonalen Zahlungsbilanz eine Lücke von 400 bis 500 Millionen Dollar, die mit Mitteln des Marshallplanes zu schließen wäre. Nach Meldungen aus amerikanischer Quelle sind im ersten Planjahr 437,7 Millionen Dollar vorgesehen, damit stände die Bizone unter den Marshallplan-Ländern an 5. Stelle. Es ergibt sich also, daß der Anteil der Doppelzone an den 5300 Millionen Dollar des ersten Planjahres ungefähr 7,5 bis 10% betragen wird.

Griechenland	106,4	Millionen Dollar
Französische Zone	96,4	,, ,,
Norwegen	32,8	,, ,,
Schweden	28,4	,, ,,
Saargebiet	15,6	,, ,,
Island	10,9	,, ,,
Türkei	10,0	,, ,,

Davon entfallen auf die Quartale April-Juli (bzw. Juli-Oktober) 1948 an

Großbritannien	400	(335)	Millionen Dollar
Frankreich	375	(251)	,, ,,
Italien	165	(148)	,, ,,
Niederlande	105	(128)	,, ,,
Westdeutschland	100	(62)	,, ,,

Die Kürzung im 3. Quartal ist für Deutschland und Frankreich sehr empfindlich.

Es sind im Rahmen des ERP für die Bizone vom 1. 4. 48 bis zum 31. 3. 49 folgende Einfuhren in Millionen Dollarwert vorgesehen: Tabak 12,3, Baumwolle 41, Landmaschinen 6,9, Maschinen und Ausrüstungen für Kohlenbergwerke 25,7, Lastwagen 6,8, Güterwagen 53, Holz- und Holzfertigerzeugnisse 0,3, Elektrotechnische Erzeugnisse 3,2, Kupfer 6,7, Blei 3,1, Zink 4,9, Aluminium 6, Häute, Felle und Leder 9, Erdölprodukte 25, Waren verschiedener Art 56,7. Es wird in diesem Zusammenhang ausdrücklich betont, daß die tatsächlichen Lieferungen im Laufe der nächsten 12 Monate noch wesentlich höher sein werden. Ein Teil wird jedoch nicht aus dem ERP, sondern aus anderen Quellen bestritten werden.

Für den gleichen Zeitraum ist die Finanzierung folgender Lieferungen in die französische Besatzungszone in Millionen Dollarwert geplant: Getreide 48,6, Fette und Öle 2,6, Zucker 1,5, Tabak 1,1, Baumwolle 6,6, landwirtschaftliche Maschinen 0,8, Rohöl 6,1, Holz und Holzfertigerzeugnisse 0,5, Blei 1,2, Aluminium 1,2, Maschinen 3,9 und Waren verschiedener Art 1. Auch hier werden sich die tatsächlichen Lieferungen durch Finanzierung aus anderen Quellen erheblich höher belaufen.

Die Bedeutung des Marshallplanes für den deutschen Wiederaufbau und für eine gedeihliche Entwicklung der deutschen Wirtschaft darf nicht unterschätzt werden. Der Hamburger Senat hat sich veranlaßt gesehen, die Bevölkerung durch eine besondere Kundgebung nachdrücklich darauf aufmerksam zu machen. Zweifellos ist der Plan geeignet, viele Hemmungen, die im volkswirtschaftlichen Teil dieser Arbeit erwähnt wurden, zu beseitigen oder doch so weit zu schwächen, daß sie den Wiederaufbau nicht wesentlich zu beeinträchtigen vermögen werden.

Nun ergeben sich mit der Eingliederung Deutschlands in den Marshallplan auch eine Reihe von Problemen für die deutsche Wirtschaft und Wirtschaftspolitik, so u. a. die Organisation des Transportes, die planvolle Förderung der Verbrauchsgütererzeugung (selbstverständlich ohne Vernachlässigung der Produktionsgütererzeugung), die Auflockerung der Bewirtschaftung in der Richtung, daß die Behörden auf die rein hoheitlichen Aufgaben beschränkt

bleiben und die Durchführung der Wirtschaftslenkung den autonomen Organisationen der Wirtschaft übertragen wird. Dazu gehört auch die Neuordnung des Geldwesens und der Lastenausgleich, der u. a. auch die Fehler und Ungerechtigkeiten der Währungsreform nach Möglichkeit beheben soll. Außerdem aber wird es eine weitere Aufgabe sein, allmählich zur freien Preisbildung zurückzufinden. Da dürften allerdings nur Güter in Frage kommen, deren Angebot und Nachfrage in ein Gleichgewicht gebracht werden kann. Will man die Preisbildung dem freien Markt überlassen, so kann das Gleichgewicht durch genügende Reproduktion oder durch Einfuhr hergestellt werden. (Die Auflösung der Lagerhortungen, die aus Angst vor der Reform vorgenommen wurden, dürften das Angebot nur sehr vorübergehend verstärken.) Ist diese Vorbedingung gegeben, so muß man auch dafür Sorge tragen, daß der Markt auch wirklich frei bleibt, daß also nicht durch Kartelle, Syndikate, Gremien und Innungen autonom gebundene an Stelle der zur Zeit amtlich gebundenen Preise entstehen.
Damit haben wir nur einige Hauptzüge der Problematik einer Eingliederung in den Marshallplan von deutscher Seite her beleuchtet, und der Wirtschaftsrat wird sich mit der Lösung dieser Probleme umfangreicher und eingehender zu befassen haben. Es dürfte an der Zeit sein, endlich aus der Übergangs- und Verlegenheitswirtschaft herauszukommen, und der Marshallplan sollte uns verpflichten, in allen Phasen ganze Arbeit zu leisten.

D. Die Lehren für den Unternehmer

Fassen wir die Lehren, die sich aus den vorstehenden Betrachtungen und Überlegungen für jeden einzelnen Unternehmer, Techniker und Kaufmann ergeben, nochmals kurz zusammen:

1. Die Losung heißt künftig für jeden dazu geeigneten Betrieb: Export! Je früher er sich darauf in allen seinen Dispositionen und namentlich im Produktionsprogramm einstellt, desto besser wird er in dem kommenden

schweren Existenzkampf gerüstet sein. Bei der Ausrichtung des Exports ist auf diejenigen Gebiete besondere Rücksicht zu nehmen, aus denen wir die Masse unserer Rohstoffimporte beziehen müssen, d. h. vor allem auf die nichteuropäischen überseeischen Absatzgebiete. Ein Europaexport wird den reibungslosen Bezug der notwendigen Rohstoffe nur dann sichern, wenn auf die Dauer ein Vielecksverkehr in der Weltwirtschaft funktioniert. Damit ist aber nicht mit Sicherheit zu rechnen. Auf die Wirtschaftsstruktur in Übersee, die dortige Bedarfs- und Geschmacksrichtung ist also weitgehend Bedacht zu nehmen.

2. Bei den Schwankungen, denen die Absatzmöglichkeiten am Weltmarkt aus Gründen einer noch völlig unstabilisierten Weltwirtschaft ausgesetzt sind, zumal in absehbarer Zeit ein Rückschlag der gegenwärtigen Exportkonjunktur unvermeidlich erscheint, wird zwar ein gewisser Rückhalt am Inlandsmarkt vielfach notwendig sein. Die Erzeugung für das Inland muß aber auf die außerordentlich geringe Inlandskaufkraft ausgerichtet sein, d. h. dieser Teil des Erzeugungsprogramms ist auf einfache, preiswerte und doch gediegene Artikel des unbedingt notwendigen Massenverbrauchs abzustellen.

3. Jede Unternehmung und jeder Betrieb wird in Zukunft im Schatten eines ausgesprochenen Kapitalsmangels stehen. Äußerste Sparsamkeit in der Verwendung von Geldkapital ist daher dringendstes Gebot. Das bedeutet nicht Verzicht auf jede Rationalisierung schlechthin, wohl aber genaueste Kalkulation überall dort, wo Verbesserungen der Organisation und der betrieblichen Technik mit größerem Kapitalseinsatz verbunden sind. Die Anstrengungen müssen sich zunächst darauf konzentrieren, die einzige Produktionskraft, die uns künftig reichlich zur Verfügung stehen wird, nämlich die Arbeitskraft, so zweckmäßig wie möglich zu verwenden. Hat man dadurch einen gewissen Vorsprung vor anderen erreicht und damit die Möglichkeit der Erzielung einer Differentialrente, dann kann vorsichtig gewagt werden, die maschinelle Ausrüstung zu verbessern.

4. Hinsichtlich der Verwendung von Fremdkredit ist äußerste Vorsicht am Platze! Abgesehen davon, daß auch bei Aufrechterhaltung niedriger Zinssätze allein eine auf lange Sicht gerechtfertigte Kreditverwendung die Zuteilung des Kredits bei einer zu erwartenden Rationierung gewährleistet, muß auch ein Einfrieren der Kredite und die damit drohende Illiquidität vermieden werden, um Zusammenbrüche zu verhindern. Auch bei erzwungenem kapitalsextensiven Wirtschaften müßte die Rationalisierung so weit als möglich vorgetrieben werden, was nur bei vernünftiger Besteuerung durch Eigenkapitalsbildung im Betrieb gesichert ist und den Fortschritt zu kapitalsintensiveren Produktionsmethoden ermöglicht. Bei Kapitalsgesellschaften muß jedoch eine gewisse Pflege des Kapitalsmarktes zwecks Beschaffung verantwortlichen Eigenkapitals unter Verzicht auf übertriebene Selbstfinanzierung stattfinden.

5. Soweit angesichts der Liquiditäts- und Ertragslage Investitionen tragbar sind, empfiehlt es sich, zunächst das sachliche Betriebskapital wieder aufzufüllen, also Vorratsinvestitionen durchzuführen, um die betriebliche Unabhängigkeit von Schwankungen in der Versorgung mit Roh- und Hilfsstoffen usw. wiederherzustellen. Je größer der Fonds an eigenen liquiden Mitteln ist, um so eher ist ein Betrieb in der Lage, dabei die günstigsten Marktbedingungen für sich auszunutzen.

6. Alle betrieblichen Maßnahmen sind mehr als bisher auch unter dem Aspekt steuerlicher Folgen und Vorteile zu betrachten. Das gilt nicht nur hinsichtlich der Wahl der Unternehmungsform, sondern auch bezüglich der Art, des Umfangs und des Zeitpunktes der Investitionen, der Arbeitspolitik, der Ausschüttungen und Entnahmen, der Aufnahme von Eigen- und Fremdkapital, der Abschreibungen usw.

7. Alle betrieblichen und kaufmännischen Maßnahmen sind soweit wie irgendmöglich auf das Ziel einer Kostensenkung abzustellen. Namentlich im Hinblick auf den Export kann es unter Umständen

wichtiger sein, durch billige Preise dauerhafte Absatzbeziehungen zu gewinnen, als momentane Absatzkonjunkturen preismäßig auszunutzen. Auf längere Sicht gesehen, ist es für ein Unternehmen vorteilhafter, auch am Inlandsmarkt durch billige Preise und gute Qualitäten einen gesicherten Marktanteil zu gewinnen. Das Prinzip der „Vollbeschäftigung" hat nicht nur für die Gesamtwirtschaft, sondern auch für den einzelnen Betrieb unbedingt Geltung. Es hat sich in früheren Krisenzeiten immer wieder erwiesen, daß in Industrien, in denen durch Kartelle, Syndikate und Konzernierung die Preise künstlich hoch gehalten wurden, dies immer nur durch eine überdurchschnittliche Verringerung des Absatzes und damit der Erzeugung erkauft werden konnte, wodurch unter dem Einfluß des Gesetzes der fixen Kosten die Preisvorteile durch Kostenerhöhungen oft mehr als ausgeglichen wurden.

8. Alles in allem müssen sich die Betriebe und Unternehmungen in den ganzen nächsten Jahren auf einen überaus harten Konkurrenzkampf einrichten, bei dem es täglich und stündlich auf Biegen oder Brechen geht. Es bedarf des ganzen Einsatzes der unternehmerischen Initiative, der klaren Voraussicht und Vorsicht, aber auch zur rechten Zeit des Wagemuts und der Selbstverantwortung, um diesen Kampf erfolgreich zu bestehen. Allerdings müssen die Unternehmer darauf rechnen können, daß ihnen eine vernünftige staatliche Wirtschaftspolitik diesen Kampf nach Möglichkeit erleichtert und nicht erschwert, daß wirkliche Leistungen belohnt und nicht bestraft werden, denn sonst ist es nicht aufzuhalten, daß die deutsche Wirtschaft in Apathie und Chaos versinkt.

E. Forderungen an die staatliche Wirtschaftspolitik

Daraus ergeben sich eine Reihe von Forderungen, die an die staatliche Wirtschaftspolitik zu stellen sind. Sie lauten:

1. Der Staat hat die natürlichen Heilungskräfte der Wirtschaft zu entwickeln und zu fördern, anstatt sie zu hemmen. Alle Reglementierungen, vor allem diejenigen auf

dem Gebiete der Bewirtschaftung von Gütern und Leistungen, sind von vornherein auf das Ziel zu richten, so schnell wie möglich die Grundlagen einer freieren Marktwirtschaft wiederherzustellen. In dem Maße, in dem Fortschritte in der Erzielung eines Gleichgewichtes zwischen dem Bedarf und seiner Deckung erzielt werden, sind die Bewirtschaftungsvorschriften aufzulockern und schließlich aufzuheben.

2. Die Aufrechterhaltung des gegenwärtigen starren Preisgefüges und der behördlichen Preisregelung ist als ausgesprochene Notmaßnahme in einer möglichst kurz zu bemessenden Übergangszeit zu betrachten. Die staatliche Preispolitik sollte in dieser Zeit elastisch sein und unbedingt auf die Erzielung einer Mindestrentabilität der Wirtschaft abgestellt werden. Sie hätte der Entwicklung der Kosten angepaßt zu werden; seitdem der Kaufkraftüberhang beseitigt ist, ist die Voraussetzung dafür gegeben, fortschreitend die Preisbildung aus den behördlichen Büros herauszunehmen und sie den freien Kräften des Marktes und damit dem Wettbewerb zu überlassen. Es gibt keinen schlüssigeren Beweis für die Unentbehrlichkeit des Wettbewerbs und der freien Preisbildung als den, daß soeben die Sowjetregierung, die in jahrzehntelangen Versuchen die autoritäre Kommandowirtschaft auch auf dem Gebiete der Preise durchexerziert hat, dazu gezwungen ist, den von ihr ausgeschalteten Leistungswettbewerb auf Umwegen über eine Konkurrenz zwischen staatlichen Unternehmungen und Produktivgenossenschaften wieder einzuführen und dabei das System starrer Preise wieder aufzulockern. Das ist ein klares Eingeständnis der Tatsache, daß das Grundmoment der „kapitalistischen" Marktwirtschaft, nämlich Preisbildung im Wettbewerb, auch in einer auf wirtschaftlichen Fortschritt bedachten russischen Wirtschaft nicht auszuschalten ist. Für uns ergibt sich daraus die deutliche Lehre, von vornherein die offenkundigen Irrwege der bürokratischen Kommandowirtschaft zu vermeiden, die namentlich über eine behördliche Preisbildung zu einer völlig

fehlerhaften Struktur unserer Wirtschaft mit allen Folgen einer Hemmung des Wiederaufbaues und des wirtschaftlichen Fortschritts führen müssen.

3. Die auf Vollbeschäftigung gerichtete Wirtschaftspolitik muß in erster Linie darauf bedacht sein, die natürlichen Selbstheilungskräfte der privaten Wirtschaft zu fördern und die privaten Investitionen nicht zu hemmen, sondern anzuregen. Nur insoweit, als diese privaten Kräfte zu einer Vollbeschäftigung nicht ausreichen, sind ergänzend staatliche Investitionsprogramme durchzuführen, bei denen der Gesichtspunkt möglichst großer volkswirtschaftlicher Produktivität im Vordergrund zu stehen hat.

4. Dieser Zielsetzung hat sich auch die staatliche Finanzpolitik unterzuordnen. Es kommt entscheidend darauf an, künftig die mehr oder minder unproduktiven Staatsausgaben so niedrig wie möglich zu halten, namentlich diejenigen für die Finanzierung des staatlichen Apparates und hier vor allem die für die Wirtschaftsverwaltung. Eine Finanzpolitik, die auf die Förderung der Kräfte der Privatinitiative der Wirtschaft in stärkstem Maße Bedacht nimmt, wird automatisch dazu führen, daß die Ausgaben für Erwerbslosenhilfe, Wohlfahrtsunterstützung, staatliche Fürsorge, Sozialversicherung usw. in den jeweils möglichen engsten Grenzen gehalten werden können. Es muß so schnell wie möglich mit dem gegenwärtigen Zustand Schluß gemacht werden, wonach eine unerträgliche Quote von einem Drittel bis zur Hälfte des Volkseinkommens von einer immer mehr verkümmernden privaten Wirtschaft aufzubringen ist, um damit mehr oder minder unproduktive staatliche Aufgaben zu erfüllen. Die Finanzpolitik muß deshalb auf einen möglichst schnellen und umfangreichen Abbau der steuerlichen Belastungen der produktiven Wirtschaft gerichtet sein. Den Unternehmungen muß die Möglichkeit gegeben sein, aus echten Überschüssen nach und nach Mittel für die Durchführung des Riesenmaßes der Wiederaufbauinvestitionen zu gewinnen. Der Masse der Einkommensbezieher muß über

die Deckung des notwendigsten Lebensunterhaltes hinaus Spielraum für eine echte Ersparnisbildung gewährt werden, durch die dem Kapitalsmangel volkswirtschaftlich allein wirksam begegnet werden kann.

5. Die staatliche Kreditpolitik hat sich in einer Richtung zu bewegen, die innerhalb der Zone zwischen Inflation und Deflation verläuft. Eine Kreditausdehnung darf nur insoweit erfolgen, als dadurch deflationistische Entwicklungen inhibiert werden. Die Entstehung eines neuen Kaufkraftüberhanges, außer durch neue Sparkapitalbildung, nach der Bereinigung des Geldwesens und der Währung ist unbedingt zu vermeiden, weil dadurch die Rückkehr zu einer sich frei auswirkenden Marktwirtschaft und zu einem Gleichgewicht der volkswirtschaftlichen Kräftebilanz auf lange Zeit verhindert würde. In einer Übergangszeit ist es nicht zu vermeiden, eine Begrenzung und Regelung auch der privatwirtschaftlichen Investitionen und des dafür notwendigen Kapitalseinsatzes durchzuführen. Eine solche Regelung ist aber nur tragbar, wenn die öffentliche Hand selbst ihre Investitionen und Konsumausgaben und damit auch ihre Inanspruchnahme neu gebildeter Sparkapitalien auf das äußerste Maß einschränkt und der produktiven Wirtschaft den Vorrang läßt. Durch Förderung der Bildung echter Ersparnisse und deren sparsamste Inanspruchnahme für nur wichtige Wirtschaftszwecke muß so schnell wie möglich das Gleichgewicht zwischen Kapitalsangebot und Kapitalsbedarf wiederhergestellt und damit die Voraussetzung für die Beendigung der Bewirtschaftung von Geldkapital geschaffen werden. Ist dies erreicht, dann kann auch der Zins seine natürlichen Funktionen im Kapitalshaushalt der Wirtschaft wieder einnehmen. Um die deutsche Wirtschaft wieder in Gang zu bringen, ist zunächst einmal die Aufnahme von Auslandskredit unentbehrlich. Sie hat sich vor allem auf die Finanzierung der Rohstoffeinfuhr zu beziehen, am zweckmäßigsten in der Form von Revolvingkrediten. So weit dringend notwendige Investitionen mit Hilfe von Auslands-

krediten durchzuführen sind, haben diese Kredite unbedingt langfristige Form anzunehmen. Die Fehler der Jahre 1924 bis 1934, in denen langfristige Investitionen der deutschen Wirtschaft zum größten Teil mit kurzfristigen Auslandskrediten finanziert wurden, und die schließlich zu der schweren Zahlungskrise des Jahres 1931 führten, dürfen sich nicht wiederholen. Doch keinesfalls wird es zweckmäßig sein, die Kredite in die Form von Auslandsbeteiligungen an deutschen Unternehmen zu gießen, um die ausländischen Geldgeber mit den Interessen der deutschen Wirtschaft enger zu verbinden. Vor Friedensschluß ist ohnedies nicht daran zu denken.

6. Was die staatliche Lohn- und Sozialpolitik betrifft, so muß unbedingt vermieden werden, daß durch übermäßige Belastungen von dieser Seite her eine gesunde Ertragsfähigkeit der Wirtschaft, auf der sich allein eine Besserung der Lebenshaltung des ganzen Volkes aufbauen kann, untergraben wird und daß durch übersteigerte Lohnforderungen die Preisstabilität durchbrochen und inflatorische Entwicklungen ausgelöst werden, die sich immer nur gegen die wirklichen Interessen der Arbeiter und Angestellten richten müßten. Überschreitet man die Grenzen, die in einer normalen und wirtschaftlich gesunden Ertragsfähigkeit der Unternehmungen und Betriebe liegen, dann vernichtet man damit die Fundamente, auf denen unser gesamtes Wirtschaftsgebäude aufgerichtet ist. Für die Masse der Lohn- und Gehaltsempfänger kommt es nicht auf den Nominallohn, sondern auf den Reallohn an. Die Verbesserung der Lebenshaltung der breiten Bevölkerungsschichten, die als Endziel des Wirtschaftens anzustreben ist, kann am besten dadurch erreicht werden, daß bei unveränderten Nominallöhnen unter dem Einfluß des Leistungswettbewerbes sich der technische und wirtschaftliche Fortschritt in einer Senkung des allgemeinen Preisniveaus auswirkt. Dies ergibt zugleich die beste Vorbedingung für ein erfolgreiches Abschneiden Deutschlands im Export.

III.
BETRIEBLICHE PROBLEME DES WIEDERAUFBAUES

Wir haben im ersten Hauptabschnitt dieser Schrift sozusagen die großen Richtpunkte aufgestellt, die in Zukunft auch von den Unternehmern, Technikern und Kaufleuten unbedingt zu beachten sind, wenn sie im schweren Existenzkampf der deutschen Wirtschaft bestehen wollen. Dieser Rahmen soll jetzt, vom Standpunkt des einzelnen Betriebes aus gesehen, ausgefüllt werden. Unsere Überlegungen haben gezeigt, daß sich jeder einzelne Betrieb in Zukunft auf völlig neue Verhältnisse einstellen muß und daß derjenige Unternehmer, der dies am schnellsten und konsequentesten tut, einen nicht unwesentlichen Vorteil für sich buchen kann. Selbstverständlich lassen sich heute viele und darüber auch wichtige Bedingungen einer zweckmäßigen Unternehmungspolitik noch nicht übersehen. In der gesamten Weltwirtschaft, vor allem aber in der künftigen Stellung Deutschlands in ihr, sind noch so viele Unbekannte enthalten, daß heute Unternehmer, Techniker und Kaufleute auch in den großen Linien der betrieblichen Politik oft noch keine endgültigen Dispositionen treffen können, daß Interimslösungen erforderlich werden, man sich aber dabei das größtmögliche Maß der Anpassungsfähigkeit und Wendigkeit bewahren sollte. Dabei kommt es vor allem auf zweierlei an: Erstens müssen unbedingt alle betrieblichen Kapitalsfehlleitungen vermieden werden, die sich weder die Gesamtwirtschaft, noch erst recht der einzelne Betrieb leisten kann, angesichts des außergewöhnlichen Mangels an Sach- und Geldkapital, dem unsere Wirtschaft unterworfen sein wird. Zweitens ist eine betriebliche Rationalisierung in größtmöglichem Maße notwendig, eine Rationalisierung, die jedoch ganz wesentlich von derjenigen früherer Zeiten abweicht, weil sie nicht mehr aus dem vollen schöpfen kann, sondern von ganz bestimmten Fakten und Hemmungen abhängig ist.

A. Fragen der Produktionsrichtung

Das Produktionsprogramm. Es ist nur natürlich, daß nach dem Zusammenbruch alle Bemühungen der Betriebe darauf gerichtet waren, in irgendeiner Weise die Produktion wieder in Gang zu bringen, um den Arbeitern und Angestellten Beschäftigung und Brot zu sichern. Da die meisten Betriebe im Kriege ihre Fertigung auf Rüstungsgüter im weitesten Sinne umgestellt haben, versuchten sie nach dem Zusammenbruch an ihre Vorkriegsfertigung anzuknüpfen. Erhebungen haben gezeigt, daß verhältnismäßig wenige Betriebe ihr Erzeugungsprogramm gegenüber der Vorkriegsfertigung grundlegend verändert haben. In Bayern haben nach der einmaligen Industrieerhebung von Ende 1945 von insgesamt 6081 erfaßten Betrieben nur 484 oder 6% eine grundlegende Änderung ihres Fertigungsprogramms gemeldet. Prozentual am stärksten waren solche Veränderungen in der eisenschaffenden Industrie bei 18,2%, im Fahrzeugbau mit 17,5%, in der Textilindustrie mit 15,5%, in der Bekleidungsindustrie mit 14,6%, in der Metallwarenindustrie mit 13,3%, in der Papierindustrie mit 12,4%, im Bergbau mit 11,8%, in der Bauindustrie mit 11,7%, in der Industrie der Steine und Erden mit 11,1%, in der chemischen Industrie mit 9,7%, in der Holz- und Schnitzstoffindustrie mit 8%, im Maschinenbau mit 7,2%, in der Optik und Feinmechanik mit 5,8%, in der Elektroindustrie mit 5,6%, in der Gießereiindustrie und im Stahl- und Eisenbau mit je 5,5%, während in den übrigen Wirtschaftszweigen weniger als 5% der Betriebe ihr Produktionsprogramm grundlegend umgestellt haben. Es zeigt sich aus diesen Zahlen also eine ganz natürliche Beharrungstendenz in Richtung auf frühere Fertigungen, für die ja nicht nur die ganzen Einrichtungen meist noch verfügbar waren, sondern in denen auch Betriebsleiter und Facharbeiter einen wertvollen Erfahrungsschatz einsetzen konnten. Die bisherige Wirtschaftsplanung hat im allgemeinen solche Tendenzen auch weitgehend unterstützt, da es angesichts der Zerreißung des einheitlichen deutschen Wirtschaftsgebietes in Zonen und darüber hinaus zunächst sogar in einzelne Länder und angesichts des außergewöhnlichen Warenhungers, für dessen Stillung bisher ja auch noch eine unbegrenzte Geldkaufkraft zur Verfügung stand, nur darauf anzukommen schien, den Auswurf der Erzeugung unter Berücksichtigung der vorhandenen Roh- und Hilfsstoffe zu steigern.

Anpassung an den Bedarf. Wo neue Fertigungen aufgenommen worden sind, geschah dies nicht selten ohne Berücksichtigung der volkswirtschaftlichen Dringlichkeit des Bedarfs unter dem Gesichtspunkt, mit vorhandenen Rohstoffen schnell hohe Gelderlöse herauszuwirtschaften. Auf diese Weise sind manche minderwertigen und teuren Erzeugnisse mit geringem oder gar keinem Gebrauchswert in den Handel gekommen, die selbst unter den gegenwärtigen Bedingungen nicht mehr abzusetzen sind. Seitdem der Kaufkraftüberhang beseitigt wurde, wird sich die gesamte deutsche Erzeugung auf ein Kaufkraftniveau einzustellen haben, das nur noch die Deckung der dringendsten Lebensbedürfnisse zu niedrigsten Preisen erlauben wird. Nur diejenigen Erzeugnisse, die selbst für das primitivste Existenzminimum unbedingt notwendig sind, werden in Deutschland auf einen breiteren Markt rechnen können. Für alles, was bei einem sehr niedrigen Durchschnittseinkommen der deutschen Bevölkerung als „Luxus" in weitestem Sinne anzusehen ist, ist nun kein Raum in der Erzeugung für den Inlandsmarkt mehr. Das wird selbst für Erzeugnisse gelten, die „an sich" dringend erwünscht sind, wie Möbel, Haushaltsartikel, elektrische Geräte, Autos, Galanteriewaren, Porzellan und Keramik, Luxusschuhe, Luxuskleidung, Eisen- und Stahlwaren, Bücher, Papierwaren usw. Soweit Unternehmen für den heimischen Markt produzieren, müssen sie sich zwangsläufig auf die Fertigung billigster und doch qualitativ relativ bester Artikel des dringendsten Massenbedarfs umstellen. Der „Grenznutzen" des Verbrauchers wird in dem zu erwartenden Kampf um die geringen verbrauchbaren Einkommensquoten der breiten Bevölkerungsschichten das entscheidende Faktum darstellen. Wird das nicht berücksichtigt, dann wird der Unternehmer unweigerlich am Markt vorbeiproduzieren und sein Betrieb wird zusammenbrechen müssen, soweit er nicht im Export die notwendigen Erfolge erzielen kann. Damit würden nicht nur betriebswirtschaftlich für den Unternehmer und seine Gläubiger sowie für seine Arbeiter und Angestellten Kapitals- und Einkommensverluste entstehen, es würden auch volkswirtschaftlich Fehlinvestitionen an Sachkapital und Arbeitskraft unvermeidbar, die wir uns unter keinen Umständen leisten können. Mit Recht hat Helmut Reinhold in seiner Schrift „Grundlinien des industriellen Wiederaufbaues von Groß-Hamburg" (bearbeitet im Institut für Weltwirtschaft an der Universität Kiel) darauf hingewiesen, daß auch die Anknüpfung an noch vorhandene unzerstörte oder leicht wiederherstellbare Sachkapitalsreste, ja auch die Benutzung vorhandener voll intakter Produktionsapparaturen in der Regel nur für existenzwichtige Erzeugnisse zu befürworten ist, soweit sie auf dem Inlandsmarkt abgesetzt werden sollen. Die Annahme, daß über den Krieg gerettete Produktionseinrichtungen, die nur zur Fertigung nicht lebenswichtiger Artikel verwendbar sind, künftig der Stillegung verfallen müßten, wenn sie nicht für den Export eingesetzt werden können, mag im gegenwärtigen Stadium noch unsinnig erscheinen, sie wird aber in der Zukunft durch harte Tatsachen bestätigt werden.

Das Produktionsprogramm für die Ausfuhr. Deshalb muß dem Unternehmer nochmals geraten werden, sich so schnell und gründlich wie möglich auf das Ausfuhrgeschäft einzustellen. Im Export liegen nicht nur betriebswirtschaftlich die größten Absatzchancen, er ist auch volkswirtschaftlich, wie wir eindeutig gezeigt haben, das einzige Mittel, unsere Gesamtwirtschaft und damit die inländische Lebenshaltung langsam wieder auf einen normaleren Stand zu bringen. Wir betonten bereits, daß es dabei von größter Wichtigkeit ist, die völlig veränderten Bedingungen des Weltmarktes für unsere Ausfuhr so schnell und gründlich wie möglich zu erforschen und die Produktion darauf einzurichten. Das Ausland und vor allem die für unsere Rohstoffeinfuhr ausschlaggebenden überseeischen Märkte haben im zweiten Weltkrieg noch stärker als im ersten ihre Industrialisierung vorangetrieben. Sie haben ihre Industrien der typischen Massenproduktion meist soweit ausgebaut, daß wir auf diesem Gebiet mit unserem Export kaum eine Chance haben werden, zumal hier auch noch die großen, mit erheblichem technischem Vorsprung arbeitenden Industrieländer, wie die USA., England usw., die noch dazu umfangreiche Exportkredite zur Verfügung stellen können, von unserer zerschlagenen Industrie kaum aus dem Feld gedrängt werden können.

Im Exportgeschäft gilt deshalb gerade das Gegenteil von dem, was für unseren Inlandsmarkt Geltung haben wird. Die Ausfuhr muß auf hochwertige deutsche Spezialprodukte abgestellt werden, und gerade Luxuswaren werden im Auslande am leichtesten absetzbar sein. Wir müssen es in Kauf nehmen, daß eine klare Gegensätzlichkeit der Produktionsprogramme für das Inland und für den Export entstehen muß, die betrieblich eine Erschwerung darstellt. Da es den deutschen Unternehmern und Kaufleuten jetzt erstmalig möglich ist, mit ihren früheren ausländischen Kunden in brieflichen und hoffentlich bald auch in persönlichen Geschäftsverkehr zu treten, sollten sie jetzt schon alles tun, um die veränderte Bedarfsstruktur im Auslande eingehend zu erforschen, damit sie in ihrer Produktionsplanung schon jetzt darauf Rücksicht nehmen können. Dabei kann es unter Umständen lohnend sein, sich trotz einer gewissen Verminderung der Erlösspannen beim Export der Mitwirkung erfahrener Außenhandelskaufleute zu bedienen, die häufig über besondere Kenntnisse der Auslandsmärkte und bessere persönliche Beziehungen aus früherer Zeit verfügen. Man darf nicht vergessen, daß die deutsche Ausfuhr wegen der nur langsam möglichen Überwindung der Rohstoffbeschaffung wahrscheinlich erst in einem Zeitpunkt am Weltmarkt erscheinen kann, in dem der erste Warenhunger der Welt nach dem Kriege bereits weitgehend gestillt und die Auslandskonkurrenz mit ihrem vollen Gewicht auf den Plan tritt. Unternehmer und Kaufleute werden dann ihre ganze Initiative und Findigkeit einsetzen müssen, um in der Ausfuhr zu Erfolgen zu gelangen. Vorausgesetzt, daß man nach dem Verlust aller unserer bisherigen Patente den Schutz unserer künftigen Erfindungen und Patente zuläßt, wird auch die Arbeit der deutschen Erfinder künftig bei der Durchführung unserer riesigen Exportaufgaben von außergewöhnlicher Bedeutung sein.

Keine Zonenautarkie. Der gegenwärtige Zustand der Zerrissenheit des deutschen Wirtschaftsgebietes mag in manchen Fällen dazu verleiten, Fertigungen neu aufzunehmen, die in der eigenen Zone nicht in ausreichendem Maße vorhanden sind. Das gilt vor allem bei bestimmten Schlüsselprodukten und bei Spezialerzeugnissen, die schon früher nur von wenigen Spezialfabriken produziert worden sind. Solche aus einer vorübergehenden Notlage entstehende Planungen können aber leicht zu Fehlinvestitionen führen. Wir haben gesehen, daß in verhältnismäßig kurzer Zeit die Länder innerhalb einer Zone zu einem einheitlichen Wirtschaftsgebiet zusammengeschweißt sind, und daß auch die Zonengrenzen zwischen der amerikanischen und der britischen Zone gefallen sind. Es ist damit zu rechnen, daß auch die Schranken gegenüber der französischen und der russischen Zone früher oder später beseitigt werden, und daß damit die Voraussetzungen des Potsdamer Abkommens geschaffen werden. Dann wird auch die frühere Arbeitsteilung zwischen den einzelnen Gebieten Deutschlands und ihren Erzeugungsanlagen weitgehend wiederhergestellt sein und werden sich die natürlichen Standortsvorteile einzelner Werke wieder voll auswirken können. Investitionen, die nur aus dem Gesichtspunkt einer Zonenautarkie vorgenommen werden, verlieren dann schnell ihre Berechtigung. Deshalb sollte bei solchen Produktionsplanungen äußerste Vorsicht angewendet werden, damit nicht privatwirtschaftliche und damit auch volkswirtschaftliche Kapitalsverluste eintreten, die wir uns unter den heutigen Verhältnissen auf keinen Fall leisten können. Lassen sich Produktionserweiterungen oder -neuaufnahmen nicht vermeiden, weil die betreffenden Schlüsselprodukte gegenwärtig für den Fortgang der Erzeugung dringend benötigt werden, dann darf es sich dabei nur um ein Provisorium handeln, für das möglichst wenig neues Sachkapital einzusetzen ist, und ist von vornherein auf eine spätere Umstellung Bedacht zu nehmen.

Anders liegen die Dinge, wenn schon jetzt feststeht, daß durch Demontagen Lücken entstanden sind oder noch entstehen, die unter allen Umständen und unter Berücksichtigung der künftigen Bedarfsstruktur der deutschen Gesamtwirtschaft geschlossen werden müssen. Der weitsichtige Unternehmer wird bereits jetzt versuchen, sich einen umfassenden Überblick über die im künftigen gesamtdeutschen Wirtschaftsraum noch vorhandenen Erzeugungsanlagen seines Fabrikationsbereiches, ihren technischen Zustand, ihre Wettbewerbsfähigkeit auf Grund der gesamten Standortsbedingungen usw. zu verschaffen und sich zu überlegen, wie er sich unter Abschätzung der künftigen Größe und Struktur des Bedarfs im In- und Ausland in der zweckmäßigsten Weise in den Markt einschaltet. Das ist eine Aufgabe, von deren bester Lösung unter Umständen später das Schicksal seines Betriebes abhängen kann. Die amtlichen Planungsstellen sollten die Unternehmer dabei nach jeder Richtung unterstützen. Wir brauchen zunächst einmal für jeden Wirtschaftszweig und für jedes Erzeugnis eine genaue Inventur der noch vorhandenen Erzeugungsanlagen und ihrer gesamten Erzeugungsbedingungen, darüber hinaus aber auch Bedarfsanalysen auf Grund der später zu erwartenden Absatzmöglichkeiten. Dazu gehört neben einem profunden Wissen auch eine starke Einfühlungsgabe, mit anderen Worten, neben der genauen statistischen Erkenntnis muß eine Gabe der Vorausschau gegeben sein.

Schon die Projekte für die Neuerrichtung zerstörter und den Wiederaufbau kriegsbeschädigter Betriebsstätten müssen nach den Gesichtspunkten volkswirtschaftlicher Rationalisierung durchdacht und zur Ausführung gebracht werden, denn davon hängt es ab, ob das Ziel einer rationellen Nutzung betriebswirtschaftlich und volkswirtschaftlich erreicht wird oder nicht. Von der wohldurchdachten Planung der Neuerrichtung eines zerstörten Werkes bis zu den letzten Feinheiten des Fertigungsprozesses ergibt sich eine ganze Reihe von Möglichkeiten der Annäherung an das streng genommen nie vollständig erreichbare Ideal der absolut vorteilhaftesten Werksanlage und der unbedingt zweckmäßigsten Organisation des Erzeugungsprozesses in ihr. Manche dieser Verbesserungen sind von erheblicher Wirkung auf die Gesamtleistung, andere wieder nur von geringerem Einfluß. Aber zahlreiche kleine Verbesserungen summieren sich in ihrer Wirkung zu einer Leistungssteigerung, die sehr wohl in die Wagschale fällt, ebenso wie viele kleine Fehler in ihrer Gesamtwirkung einen erheblichen Gesamtverlust verursachen.

B. Die Rationalisierung

Die Wahl des richtigen Standortes. Das Ziel der Aufbauplanung ist die Erreichung des höchsten wirtschaftlichen Wirkungsgrades der neu zu errichtenden oder wiederherzustellenden Werke. Er hängt heute mehr denn je auch von der Wahl des richtigen Standortes ab, und deshalb haben wir bei ausgesprochenen Neueinrichtungen zunächst auch die Standortfrage zu prüfen. Es kann sein, daß der Standort schon vor dem Kriege nicht der vorteilhafteste war. Viel häufiger aber werden sich die richtigen Standortbedingungen durch die strukturellen Veränderungen der deutschen Gesamtwirtschaft im Zuge des verlorenen Krieges verschoben haben. Man denke an den Wegfall der oberschlesischen und der Saarkohle, an den Ausfall anderer Rohstoffvorkommen, an die notwendige Berücksichtigung einer ungleich größeren Außenhandelsverflechtung mit der übrigen Welt, sowohl im Export wie auch in der Einfuhr, an die Erfordernisse der reinen Veredelungsaufgaben für andere Länder, an die Wandlungen in der Stromversorgung usw. In solchen Fällen wird der weitschauende Betriebswissenschafter unter Berücksichtigung unserer künftigen volkswirtschaftlichen Grundlagen nicht selten für eine Verlegung des Standortes plädieren. Es kann auch vorkommen, daß der gleiche Standort nun für einen anderen Erzeugungszweig vorteilhaft geworden ist. Auch die Transportfrage wird künftig bei dem Erfordernis schärfster Kalkulation eine erheblich gesteigerte Bedeutung haben und muß bei der Standortswahl deshalb verstärkt berücksichtigt werden. Wir haben bereits darauf hingewiesen, daß mit Rücksicht auf die Notwendigkeit eines hohen Exports unter bedeutend erschwerten Wettbewerbsverhältnissen am Weltmarkt, auf eine sehr geringe Massenkaufkraft am Inlandsmarkt, auf den Fortfall unserer Patente, auf den technisch schlechten Stand unserer Erzeugungsanlagen usw. unser wichtigstes Aktivum im Kampf um die Behauptung unserer Wirtschaft und unseres Volkes in der zweckmäßigsten Verwertung der Arbeitskraft, der Tüchtigkeit und der fachlichen Kenntnisse und Fähigkeiten unserer Arbeiter liegt. Leider sind in den Stamm unserer geschulten Facharbeiter durch den Krieg und die Nachkriegswirren bedenkliche Lücken gerissen worden. Millionen deutscher Kriegsgefangener, darunter zahlreiche Fachkräfte im besten Alter, sind noch nicht zu uns zurückgekehrt und müssen für fremde Volkswirtschaften arbeiten. Es besteht die Gefahr, daß nach der ausgedehnten Demontage von auch für unsere Friedenswirtschaft dringend benötigten hochwertigen Werksanlagen die dort bisher tätig gewesenen Facharbeiter, Ingenieure und Kaufleute keinen anderen Ausweg des Broterwerbs mehr sehen, als sich nach Rußland oder in die westlichen Länder zu verdingen, die an deutschen Qualitätsarbeitern und technischen Fachkräften stark interessiert sind. Diese Gefahr ist um so größer, als die Abwanderung solcher Kräfte durch die Zonengrenzen innerhalb Deutschlands, die überall bestehenden Zuzugssperren und Wohnungsbeschränkungen nur gefördert wird und uns so Kräfte verlorengehen, die wir für den Wiederaufbau unserer Wirtschaft und vor allem für einen hochwertigen Auslandsexport dringend benötigen. Denn es liegt auf der Hand, daß nur die besten und aktivsten Arbeiter und Ingenieure, Kaufleute usw. ins Ausland gehen und daß wir dadurch und eventuell durch eine spätere Auswanderung nach Übersee einen ungeheuer wichtigen Schatz an Fachkenntnis, Produktionserfahrung und Initiative einbüßen.

Hinzu kommt, daß die aus den früheren östlichen Gebieten, aus der Tschechoslowakei, Österreich, Ungarn, Rumänien, Jugoslawien usw. Ausgewiesenen, von denen teilweise die tüchtigen Facharbeiter noch zurückgehalten wurden, heute noch vielfach in völlig unzweckmäßiger Weise oder überhaupt noch nicht in den Produktionsprozeß eingegliedert sind. Der weitsichtige Unternehmer wird versuchen müssen, von ihm dringend benötigte Fachkräfte heranzuziehen und für die oft fehlende Unterkunft mit allen Mitteln zu sorgen. Er muß dabei im Interesse der deutschen Gesamtwirtschaft von den Behörden in jeder Weise unterstützt werden, sei es durch Erteilung von Zuzugsgenehmigungen, durch Bereitstellung von Arbeitskleidung, Schuhzeug, Haushaltsgegenständen und vor allem durch Förderung der Wohnraumbeschaffung. Wenn es gar nicht anders geht, müssen notfalls behelfsmäßige Unterkünfte erstellt werden. Es kann sogar zweckmäßig sein, daß das Vorhandensein einer fachmäßig geschulten und durch Generationen zur Vollkommenheit gediehenen Arbeiterbevölkerung für die Neuwahl des Standortes eines Unternehmens bestimmend wird. Bei den Flüchtlingen und Ausgewiesenen kann ein solches Verfahren solange vermieden werden, als sie in ihrem neuen Wohngebiet noch nicht stärker verwurzelt sind. Der nach großzügigen Gesichtspunkten der dauernden volkswirtschaftlichen Zweckmäßigkeit ausgerichtete Prozeß der richtigen standortmäßigen Ansiedlung der Millionenzahl von Ausgewiesenen und Flüchtlingen und der Umsiedlung von Fachkräften, die durch Zerstörung oder Demontage an ihrem bisherigen Wohnort ihren Wirkungskreis verloren haben, gehört deshalb zu den wichtigsten Aufgaben unseres Wiederaufbaues.

Bei der Neuerrichtung kriegszerstörter Werke und selbst bei größeren Wiederherstellungen tritt oft das Problem der vorteilhaftesten Spezialisierung an Unternehmer und Betriebswissenschafter heran. Hat der Betrieb früher vielerlei Güterarten erzeugt, so wird man sich vielfach davor hüten müssen, diese alle wieder aufzunehmen, und wird sich zweckmäßig auf eine geringe Zahl zu beschränken haben, gegebenenfalls nur auf eine einzige, diese aber mit entsprechend größerer Kapazität. Nur dadurch werden in Zukunft die Vorteile des Gesetzes der großen Serie für einen Betrieb nutzbar gemacht werden können. Wir haben bereits gesehen, daß gerade im Hinblick auf unsere Aufgaben im Export eine solche Spezialisierung auf hochwertige Ausfuhrerzeugnisse, in denen der Vorsprung durch langjährige Produktionserfahrungen unserer Betriebsleiter, Techniker und Facharbeiter gegenüber industriellen Neuländern voll zur Geltung gebracht werden kann, der Auslandsabsatz gesichert werden kann. Ein solcher Übergang zur stärkeren Spezialisierung muß aber auch unter dem Gesichtswinkel der künftig zu erwartenden Wettbewerbs- und Absatzverhältnisse am Binnenmarkt wohl überlegt werden. Eine Umstellung durch Spezialisierung ist teilweise schon aus kriegswirtschaftlichen Gründen vorgenommen worden. Mit der völligen Veränderung unserer Wirtschaftsgrundlagen und der Umstellung auf Friedenswirtschaft läßt sich vielfach die Richtung der Spezialisierung nicht mehr aufrechterhalten, doch wird man in den meisten Fällen den Grundsatz der Spezialisierung mit Rücksicht auf die einzelwirtschaftlichen und damit auch volkswirtschaftlichen Vorteile verstärkt zu beachten haben.

Rationelle Energiewirtschaft. Ist die Standortfrage geklärt, so gilt es beim Wiederaufbau eines Betriebes, die richtigen energie- und wärmewirtschaftlichen Maßnahmen zu treffen. Denn Fehler hierin sind ebenso einzelwirtschaftlich wie auch volkswirtschaftlich von dauernder Schadenswirkung. Nur wenn der Betrieb energiewirtschaftlich in der Hauptsache durch eine eigene Wasserkraftanlage versorgt wird, erübrigt sich die grundsätzliche Frage, ob man bei der bisherigen Energiequelle zu bleiben oder eine andere zu suchen hat, und es bleibt nur die Frage offen, ob mit Rücksicht auf die besonderen Verhältnisse, insbesondere auf die Schwankungen der Wasserführung des betreffenden Gewässers, die Wasserkraftanlage, vor allem der Turbinensatz, richtig gewählt worden ist. Handelt es sich um eine Dampfkraftanlage und ist die Möglichkeit eines Anschlusses an ein Fernheizwerk oder Ferngaswerk vorhanden, dann ist ein solcher Anschluß zu erwägen. Steht heute nicht mehr der gleiche Brennstoff wie vor dem Kriege zur Verfügung, dann muß in der Regel die Feuerungsanlage umgebaut werden. Ein Übergang zu automatischer Beschickung wird dort, wo sie nicht bereits bestand, oft lohnend sein, vorausgesetzt, daß die allgemeinen Verhältnisse ihn gestatten. Bei mittleren Werken mit wechselnder Belastung der Transmissionen ist im allgemeinen der elektrische Antrieb vorzuziehen.

Wo die Kraftanlage bisher auf Rohöl basierte, wird man wahrscheinlich davon abgehen müssen, da die Treibstoffeinfuhr uns schon heute nach der Lebensmitteleinfuhr mit am stärksten in der Außenhandelsbilanz belastet und wir in der nächsten Zeit das Rohöl zu anderen Zwecken dringender brauchen werden. Dort, wo Holzabfälle unmittelbar zur Verfügung stehen, also in den meisten Holzbearbeitungsbetrieben, wird nach der Entwicklung, die die Holzgasmotoren vor allem während des Krieges genommen haben, diese Art des Kraftantriebs als die vorteilhafteste in Frage kommen. Wo Torf unmittelbar in der Nähe gewonnen wird, mag seine Verwendung als Heiz- und Energiequelle zweckmäßig sein.

Der Zwang, mit Wärme- und Energiestoffen sparsam umzugehen und die verfügbaren Mengen vor allem an Kohle und Strom im Betrieb in optimalster Weise auszunutzen, wird auch bei langsamer Besserung der Versorgungsverhältnisse noch auf Jahre hinaus andauern, zumal wir damit rechnen müssen, entweder über Reparationen oder freiwillig, größere Mengen an Kohle und Strom zu exportieren. Die größten Chancen einer erhöhten Stromversorgung haben dabei diejenigen Industrien, die den Bedarf jahreszeitlich oder tageszeitlich den Liefermöglichkeiten anpassen können. Das beste Beispiel dafür bildet z. B. in Bayern die Stromlieferung für die Kalkstickstoffindustrie, für die Aluminiumindustrie usw., die im Winter bei geringster Wasserführung stillgelegt oder in Erzeugung und Stromverbrauch eingeschränkt werden können und die auch tageszeitlich ihre Erzeugung so einrichten können, daß keine zusätzlichen Spitzen entstehen. Im Kriege konnten Aluminiumgewinnung, Kalkstickstofferzeugung usw. nur dadurch in beträchtlicher Höhe durchgehalten werden, daß man dort rücksichtlos die Spitzen kappen konnte, daß also z. B. nur nachts produziert wurde. Es ist vorgeschlagen worden, die in den Zeiten reichlicher Wasserführung, also vor allem in den Sommermonaten, stärker anfallende Energie aus Wasserkraft in industriellen Betrieben auszunutzen, die während der übrigen Jahreszeiten stilliegen oder neben den elektrischen Heizeinrichtungen auch andere Wärmequellen einsetzen. Solche Projekte werden sich aber bei reiflicher Überlegung vielfach verbieten. Selbst eine Erzeugung, wie die von Kalkstickstoff, wird auf die Dauer nicht rentabel sein können, wenn sie sich auf die Monate günstiger Wasserführung beschränkt und wenn die hochwertigen Anlagen und Kapitalsinvestitionen einen großen Teil des Jahres hindurch brachliegen. Hier würden sich noch besondere Probleme hinsichtlich der Arbeiterschaft ergeben, die anderweitig in den Monaten der Stillegung durchweg nicht eingesetzt werden könnte. Ersetzt man aber in der stromarmen Jahreszeit die elektrische Energie durch andere Wärmequellen, dann sind doppelte Investitionen erforderlich, sowohl in den Heizanlagen als auch in Gebäuden und Zubehöranlagen, die jeweils immer nur einen Teil des Jahres über ausgenutzt werden können. Das können wir uns volkswirtschaftlich und betriebswirtschaftlich nur in den seltensten Fällen leisten, weil wir aus den ausführlich geschilderten Gründen anhaltenden Mangels an Sach- und Geldkapital alle Investitionen minderen Wirkungsgrades unbedingt vermeiden müssen. Leider ist die Entwicklung der Wärmepumpe noch nicht so weit vorgeschritten, daß sie eine wirksame Entlastung in der Frage der Sommerenergie bringen könnte. Die aufzuwendenden Anlage- und Betriebskosten sind so hoch, daß sie sich normalerweise nicht lohnen, zumal auch diese Anwendungsart nicht in die Zeit größerer Wasserführung fällt. Es ist jedenfalls unwahrscheinlich, daß die Wärmepumpe in der nächsten Zeit einen wirksamen Beitrag zur Lösung dieses Problems bringen kann. Auch die Möglichkeiten, Großspeicheranlagen zu schaffen, die wirklich wirtschaftlich sind, müssen als äußerst begrenzt angesehen werden, in Bayern vor allem deshalb, weil die Bodengestaltung umfangreichere Anlagen unmöglich macht. Deshalb ist in absehbarer Zeit nicht damit zu rechnen, daß unständige Energieüberschüsse, die sich bei dem notwendigen Ausbau der Wasserkraftwerke in der ganzen nächsten Zeit noch erhöhen müssen, an Ort und Stelle voll verwertet werden können. Der Neuaufbau der deutschen Verbundwirtschaft muß deshalb mit allen Kräften gefördert werden. Sollten wir, was nicht zu hoffen ist, auf die auf mitteldeutscher Braunkohle basierende Stromerzeugung verzichten müssen, dann muß die rheinisch-westfälische Stromproduktion, sowohl die auf Braun- wie die auf Steinkohle beruhende, für Süddeutschland mit herangezogen werden. Eine 220 kW-Leitung führt bereits an das süddeutsche Gebiet heran, die mit dem 100 kW-Netz in Bayern verbunden ist. Ein Austausch der weißen und schwarzen Kohle innerhalb größerer Gebiete ist eine unbedingte Notwendigkeit.

Durch den Ausbau der Wasserkräfte muß dafür gesorgt werden, daß namentlich in der Industrie die elektrische Leistung in ständig gleicher Höhe verfügbar ist. Zunächst einmal ist es nötig, die vorhandenen Anlagen voll auszunutzen, was gegenwärtig wegen Mangels an Material noch nicht möglich ist (Transformatoren, Holzmasten, Leitungsmetalle, Reparaturteile, Schmieröle, einzelne technische Porzellane usw.), und dabei vor allem auch die Verteilernetze zu verbessern und zu erweitern, um Netzüberlastungen und Stromverluste infolge Über- oder Unterspannungen zu verhindern.

Es ist nicht nur der Zwang zur Kohleeinsparung, der die Tendenz zu einem wachsenden Übergang vor allem auf Elektrowärme führt. Es sind vielfach spezifische technische Gründe, die eine Bevorzugung der Elektrowärme zur Folge haben. Ein besonders typisches Beispiel dafür bildet die Wärmebehandlung von Eisen in Glüh- und Wärmeöfen, bei der Elektrowärme trotz der höheren Kosten angewendet wird, weil sie eine bessere Qualität ermöglicht. Heute und wahrscheinlich aus Gründen der Devisenersparnis auch noch in absehbarer Zeit werden wir weitgehend auf hochwertige Zusätze aus dem Auslande, wie Chrom, Nickel, Molybdän usw., verzichten müssen. Ist das der Fall, dann brauchen wir zur Härtung des Stahls aber ganz bestimmte und vor allem gleichmäßige Temperaturen, die bei Verwendung der erwähnten Zusätze nicht so wichtig sind. Selbst mit Gas können aber die Temperaturen nicht so gleichmäßig erzielt werden. Dazu bedarf es der schnell schaltbaren und feinregulierbaren Elektrowärme. Auch die Feinkeramik und Gebrauchskeramik stellt sich mehr und mehr auf Elektrowärme um, nicht allein wegen ihrer genauen Regulierbarkeit, sondern auch, weil beim Brennen mit Elektrowärme alle schädlichen Nebenbestandteile des Verbrennungsprozesses wegfallen, wodurch der Ausschuß wesentlich vermindert werden kann. Dasselbe gilt für Fabrikation von Glaswaren, insbesondere von Tafelglas. Durch die Elektrizität kann man auch innerhalb des Wärmeraums die Wärme beliebig in allen Raumteilen regulieren. Dies ist der Grund, der z. B. auch die Umstellung der Bäckereien und ähnlicher Betriebe von Kohle auf Elektrizität fördert. Auch der Einbau von elektrischen Dampfkesseln und sonstigen Erhitzern in der Textilfabrikation und sonstigen vorwiegend wärmeverbrauchenden Industriezweigen, erweist sich als nützlich. In der Textilindustrie geht auch der Prozeß der Umstellung in den Antriebskräften ständig weiter. Hier ist die genaue Geschwindigkeitsanpassung zwecks Erzielung immer gleicher Fadenspannung der Grund für die Bevorzugung der elektrischen Antriebskraft.

Bei den stromverbrauchenden Betrieben wird man in der ganzen nächsten Zeit eine gewisse allgemeine Sparsamkeit organisieren müssen, sei es in der Weise, daß die Nachtstunden besser ausgenutzt werden, sei es dadurch, daß die Fertigungen überall auf einen Mindestverbrauch an elektrischer Energie eingestellt werden. Wohl kann man nicht überall bis zum technisch möglichen Mindestverbrauch gehen, weil sonst die Güte der Erzeugnisse leiden würde. Aber eine überflüssige Überschreitung der notwendigen Verbrauchsmengen müßte eben hintangehalten werden. Es ist dies heute nicht nur auf Grund des privatwirtschaftlichen Nutzens erforderlich, sondern es liegt auch im höchsten volkswirtschaftlichen Interesse. Das Gesetz äußerster Sparsamkeit gilt selbstverständlich nicht nur für elektrische, sondern auch für jede andere Energieform. Besteht z. B. die Kraftanlage eines industriellen Werkes aus einer Dampfmaschine und wird diese ziemlich stabil beansprucht, so ergibt sich allerdings kein besonderes Problem der Sparsamkeit mit Energie. Es handelt sich dann nur darum, daß die ganze Kraftanlage dem modernen Stand der Technik entspricht und nur die nach diesem Stande unvermeidlichen Energieverluste auftreten, wie solche durch Reibung usw. Wenn hingegen die Belastung der Kraftanlage schwankt, d. h. wenn die Zahl der Arbeitsmaschinen, welche in Tätigkeit sind, unstabil ist, oder wenn die inneren Transporteinrichtungen nur periodische Antriebskraft benötigen, dann ist das Problem schwieriger, und man muß der Energiewirtschaftlichkeit besondere Sorgfalt angedeihen lassen.

Schon frühzeitig hat man nach automatischen Reglern bei Dampfkraftanlagen gesucht, und es sind ganz gute Typen herausgebracht worden. Bei Dampfkraft läßt sich eben die Anpassung an einen jeweils wechselnd erforderlichen Krafteffekt verhältnismäßig leicht durchführen. Etwas größere Schwierigkeiten bestehen bei Gas- oder Dieselmotorenantrieb. Am höchsten kann die Sparsamkeit mit Antriebsenergie selbstverständlich bei elektrischer Kraftübertragung getrieben werden. Gleichzeitig ist bei diesem Antrieb auch die Möglichkeit gegeben, den Energieaufwand je Stück und in jeder Phase der Fertigung einfach abzulesen, was für die Berechuung der Selbstkosten einen gewissen Vorteil bietet.

Bezüglich der inneren Transportarbeit besteht der Grundsatz der größten Sparsamkeit und muß der Aufwand an innerer Transportarbeit bei gegebener Gesamtleistung des Betriebes auf ein Minimum reduziert werden. Derselbe Grundsatz gilt auch bezüglich der gesamten Fertigung, allerdings mit der schon erwähnten Einschränkung, daß die Güte der Erzeugnisse dadurch nicht in Mitleidenschaft gezogen wird. So kann z. B. eine elektrische Schweißnaht geschwächt werden, wenn man bei ihrer Herstellung an der aufgewendeten Energie zu sehr gespart hat. In sehr bedeutendem Maße hängt es von jedem an einer Arbeitsmaschine stehenden Arbeiter ab, ob mit dem Energieaufwand sparsam umgegangen wird oder nicht. Insbesondere in der eisen- und metallverarbeitenden Industrie trifft dies zu. Der Energieaufwand je Einheit des Erzeugnisses ist selbstverständlich in den einzelnen Fertigungen sehr verschieden und deshalb ist auch der prozentmäßige Kostenanteil des Energieaufwandes in den Selbstkosten je erzeugter Gütereinheitaußerordentlich unterschiedlich. In manchen Erzeugungen erreicht der Aufwand an mechanischer Energie in Geld ausgedrückt bis zu 70 und 75% der Gesamtgestehungskosten, wie etwa in Walzwerken. In anderen Fertigungen ist er praktisch unbedeutend, dagegen ist hier mitunter der Wärmeverbrauch nicht unerheblich.

Schon aus betriebswirtschaftlichen Gründen ist es zwecks genauerer Kalkulation nötig, den Energieaufwand je Stück so genau als möglich zu bestimmen und auch das Minimum festzulegen, das ohne Schädigung der Güte des Erzeugnisses erreichbar ist. Ein umsichtiger Betriebsführer wird also schon vom einzelwirtschaftlichen Interesse aus die Arbeiter dazu anleiten und anhalten, sich an das Minimum, welches durch Versuche herausgefunden wurde, soweit als möglich zu halten, es keinesfalls zu unterschreiten und nur bei außerordentlichen Betriebszufällen zu überschreiten. Das alles wird nun in erhöhtem Maße auch volkswirtschaftliche Pflicht. Es ist für den finanziellen Erfolg eines Betriebes und damit für die Bilanz des Unternehmens in der Regel von erheblicher Wichtigkeit, ob den hier erwähnten Grundsätzen bei der Fertigung entsprochen wird oder nicht. Das Sparen mit dem Aufwand an Energie erfordert je nach der Art der betreffenden Erzeugung sehr verschiedene Maßnahmen, und wir können diese Maßnahmen nicht für alle einzelnen Zweige der Erzeugung angeben, weil dies den Rahmen unserer Arbeit sprengen würde und in spezielle technisch-wirtschaftliche Abhandlungen gehört. Ein tüchtiger Betriebswirt dürfte in seinem Betrieb schließlich auch von selbst jene Vorschriften und Maßnahmen herausfinden, die dem Grundsatz größter Energiewirtschaftlichkeit entsprechen.

Größte Wärmewirtschaftlichkeit. In einem so kohlenreichen Lande, wie es Deutschland vor dem Kriege war, konnten einige Sünden in bezug auf Wärmewirtschaftlichkeit gewiß hingenommen werden. Nach dem wahrscheinlichen Verlust Oberschlesiens und des Saarbeckens stehen wir vor einer stark geänderten Sachlage und müssen unsere Aufmerksamkeit einer größeren Wärmewirtschaftlichkeit zuwenden. Auch sonstige Änderungen der Betriebsbedingungen haben sich in den letzten Jahren ergeben, die berücksichtigt werden müssen. Noch vor zehn Jahren haben die zahlreichen holzverarbeitenden Betriebe Süddeutschlands ihre Abfälle verheizt, und da man sonst dafür so gut wie keine Verwendung hatte, brauchte man mit ihnen nicht zu sparen und auch nicht darauf zu sehen, daß die ganzen Betriebsanlagen wärmewirtschaftlich auf der Höhe standen. Seither sind die Motoren mit Holzgasantrieb entwickelt worden, und die Abfälle aus holzverarbeitenden Betrieben haben einen Wert erlangt, bei dem es sich schon lohnt, die Wärmewirtschaftlichkeit des eigenen holzverarbeitenden Betriebes zu verbessern. In einem Großbetrieb dieser Art (Buchenholzmöbelfabrik) wurde im Jahre 1940 eine gründliche wärmewirtschaftliche Reorganisation unter Leitung eines wärmewirtschaftlichen Fachmannes durchgeführt. Das Ergebnis war eine Brennstoffersparnis von 46%. Dieses Beispiel zeigt, daß es sich bei den Möglichkeiten der Ersparnisse in der Wärmewirtschaft nicht um Kleinigkeiten handelt.

Beginnen wir mit der Dampfkraftanlage. Die theoretisch in einer Kohlensorte vorhandenen Mengen an Kalorien können bekanntlich bis zu einem gewissen Grade praktisch Verwertung finden. So bleibt z. B. immer ein Teil der Kohle unverbrannt und gerät in die Asche, namentlich, wenn es sich um Kohlensorten handelt, die zum Backen neigen, was bei allen schwefelkieshaltigen Kohlen der Fall ist. Man besitzt heute Vorrichtungen, mittels derer man einen Teil der so verlorengegangenen Kohle wiedergewinnen kann. Ein weiterer Wärmeverlust tritt immer durch die in der Asche bei ihrem Ausräumen noch vorhandenen Hitze auf. Zum Teil kann diese Hitze verwendet werden, um Wasser vorzuwärmen. Eine weitere Verlustquelle bilden die Gase, welche durch den Schornstein entweichen, obwohl der Schornstein in der Regel so berechnet wird, daß die Feuerungsabgase am oberen Ende des Schornsteines keine sehr hohe Temperatur mehr haben. Aber der Schornstein gibt eben durch die Wände immerhin eine gewisse Wärmemenge ab, von der ein bescheidener Teil nur dann nutzbringend gemacht werden kann, wenn am Schornstein ein Druckreservoir für Betriebswasser angehängt wird. Die modernen Feuerungen sind in der Regel so eingerichtet, daß eine unvollkommene Verbrennung nicht eintreten kann und durch den Schornstein fast nur Kohlensäure entweicht. Die Art der Feuerung muß selbstverständlich der Kohlensorte angepaßt sein, welche zur Verwendung steht. Bringt man z. B. in eine Feuerungsanlage, die für Steinkohle eingerichtet ist, Braunkohle ein, so wird die Ausnützung der in ihr vorhandenen Kalorien recht ungünstig werden. Durch die Veränderungen, welche sich infolge des verlorenen Krieges ergeben dürften, kann der Fall eintreten, daß das verwendete Heizmaterial, beispielsweise Saarkohle, nicht mehr zur Verfügung steht und durch Braunkohle oder Torf ersetzt werden muß. Dieser Fall dürfte z. B. in Süddeutschland nicht selten sein. Es müssen dann die Feuerungsanlagen entsprechend umgeändert werden, denn auf die Dauer wäre die Unwirtschaftlichkeit, die durch die Änderung des Brennstoffs ohne Auswechslung der Feueranlage entsteht, betriebswirtschaftlich untragbar und auch volkswirtschaftlich unverantwortlich.

Weitere Wärmeverluste, die allerdings von relativ geringerer Bedeutung sind, entstehen in der Kraftmaschine, ganz gleich, ob es sich um eine Kohlendampfmaschine oder eine moderne Dampfturbine handelt. Bekanntlich wird die im Abdampf enthaltene Wärme bzw. die in dieser Wärme steckende Energie noch durch den sog. Kondensator teilweise ausgenützt. Eine bessere Ausnützung ergibt das Abzapfverfahren.

Von größter Wichtigkeit ist die Wärmeökonomie in solchen Betrieben, die Wärme zum Arbeitsprozeß benötigen, was z. B. bei Gießereien, bei Glas- und Porzellanfabriken usw.

in hohem Maße der Fall ist. Die moderne Technik hat bei den Schmelzöfen für Eisen, Stahl und Buntmetalle heute große Wirtschaftlichkeit erlangt; man ist bis zu einer Ausnützung von 56% der in der Kohle steckenden Kalorien gelangt, aber in anderen Industrien, wie z. B. in der chemischen, in der Textil- und in der Glasindustrie, ist man noch nicht bis zur Erschöpfung aller wärmesparenden Möglichkeiten vorgedrungen, wenigstens nicht in den mittleren und kleineren Betrieben dieser Art.

Es gibt Betriebe, in denen heißes Wasser oder heißer Dampf in erheblicher Menge zur Fertigung benötigt wird. In diesem Falle ist üblich geworden, den Heißdampf bzw. das Heißwasser durch Abschöpfen aus der Kraftmaschine (Turbine) bzw. aus dem Kessel zu entnehmen. Dies ergibt einen sehr vorteilhaften Bezug von Heißwasser bzw. Heißdampf. Die Verwendung in der Fertigung kann selbstverständlich sparsam und auch weniger sparsam erfolgen. Auch hier darf das Sparsamkeitsprinzip nicht immer zu weit getrieben werden. So geht z. B. ein weitgehendes Sparen bei der Beheizung der Arbeitsräume auf Kosten der Gesundheit der arbeitenden Gefolgschaft und wäre schon aus sozialhygienischen Gründen unzulässig. Es könnte aber auch sein, daß die Güte der Erzeugnisse unter zu großer Sparsamkeit in der Wärme leidet, wie dies z. B. in der Konservenindustrie offenkundig der Fall sein könnte. Hier kommt der Grundsatz vom zweckmäßigsten Wärmeverbrauch zur Geltung.

Bei einer Zahl von Fertigungsprozessen spielt die Wärmewirtschaftlichkeit in den Selbstkosten bzw. in den Fertigungskosten eine erhebliche Rolle; so beträgt bei manchen chemischen Prozessen der Aufwand an Kohle bis zu 40% der Gestehungskosten, und aus diesem Grunde ist die Erreichung höchster Wärmewirtschaftlichkeit für die betreffenden Unternehmen ein sehr wichtiges Problem. Es stehen technische Berater zur Verfügung, die eine spezielle Ausbildung und Erfahrung in wärmewirtschaftlicher Hinsicht besitzen, und wo sie in größeren Betrieben zur wärmewirtschaftlichen Reorganisation herangezogen wurden, sind in der Regel sehr erhebliche Ersparnisse erreicht worden.

Es ist ein großer Irrtum mancher Betriebswirte, zu glauben, daß man an die Wärmewirtschaftlichkeit weniger zu denken braucht, wenn man sich in unmittelbarer Nähe einer Brennstoffquelle, also etwa eines Kohlenreviers, befindet. In der Regel beruht die Rentabilität eines Betriebes zum großen Teil gerade auf dem Umstand, daß er sich in der Nähe einer Betriebsstoffquelle befindet, und ein Vergeuden von Brennstoff kommt hier eben einer Nichtausnützung der Rentabilitätsmöglichkeiten gleich. Wenn ein Betrieb hingegen von seiner Betriebsstoffquelle ziemlich weit entfernt ist und die Kosten der Heranbringung des Betriebsstoffes infolgedessen stärker in die Waage fallen, so handelt es sich meistens um eine sog. Grenzerzeugung, d. h. um eine Produktion, die nur noch einen minimalen Rentabilitätsgrad aufweist. Bei solchen Betrieben würde die mangelhafte Sparsamkeit in wärmeökonomischer Hinsicht sofort zur Unrentabilität führen, und schon aus diesem Grunde dürfte sie von der Betriebsführung keinenfalls geduldet werden. Wir haben in Deutschland damit zu rechnen, daß als Folge des verlorenen Krieges mancher Betrieb, der seinerzeit eine ziemlich gute Rentabilität aufgewiesen hat, in die Grenzproduktion gedrängt wird, so daß er künftig gezwungen sein wird, seine Wärmewirtschaftlichkeit nach Möglichkeit zu verbessern.

Ein eigenes Kapitel bildet die Wärmewirtschaftlichkeit bei Verkehrsbetrieben, also insbesondere z. B. bei Eisenbahnen, die mit Dampflokomotiven betrieben werden, und bei der Dampfschiffahrt. Hier können die Aufwände an Heizstoff innerhalb erheblicher Grenzen schwanken, je nachdem, wie die Vorschriften sowohl in den Heizhäusern als auch auf den Fahrten gegeben und eingehalten werden. Insoweit sich früher Bahnen in Privatbesitz befanden, haben in der Regel die Direktionen sehr scharf darauf gesehen, daß die Wärmewirtschaftlichkeit nicht vernachlässigt wurde. Am europäischen Kontinent sind jedoch fast alle wichtigen Bahnen Staatsbahnen geworden, und in Staatsbetrieben reißt bekanntlich Unwirtschaftlichkeit in dieser oder jener Hinsicht verhältnismäßig leicht ein. Hauptgrundsatz sollte selbstverständlich auch hier sein, die gegebenen Transportleistungen zu organisieren, daß sie mit einem Minimum an Heizstoffaufwand zustande kommen. Der zweckmäßigste Kohlenverbrauch im Dampfschiffverkehr ist ein eigenes Problem. Der Verbrauch an Heizstoff steigt hier bekanntlich mit der dritten Potenz der Geschwindigkeit. Deshalb werden die billigen Massengüter mit langsam fahrenden Schiffen befördert.

Die neuesten Fortschritte der modernen Technik auf dem Gebiete der Wärmewirtschaftlichkeit sind durch Fernheiz- und Ferngaswerke gegeben. Es ist möglich, durch Konzentration der Wärmeerzeugung in sehr großen Aggregaten zu einer größeren Wirtschaftlichkeit zu gelangen als in verhältnismäßig kleinen Anlagen, und deshalb ist man in großen Verbrauchzentren, wie z. B. in Großstädten und Industrierevieren, auf den Gedanken gekommen, die Wärmeerzeugung womöglich an einer einzigen Stelle in größtem Stil vorzunehmen und durch ein Rohrnetz zu verteilen. Etwas Ähnliches ist durch Ferngaswerke erreicht worden.

Es ist naheliegend, daß schon bei der Projektierung und Errichtung dieser Fernheiz- und Ferngaswerke dem Grundsatz größter Wärmewirtschaftlichkeit in weitestem Maße Rechnung getragen wurde, da ja doch die ganze Idee dieser Werke von vorneherein auf wärmewirtschaftlichen Überlegungen beruht. Namentlich in Süddeutschland ist man bezüglich der Errichtung derartiger Werke leider zurückgeblieben und wird auf diesem Gebiete einiges nachzuholen haben. Freilich erfordern solche Errichtungen ziemlich bedeutende Investitionen, und man wird deshalb zunächst dringendere Aufgaben durchzuführen haben.

Es ist möglich, daß in einer ferneren Zukunft, wenn sich die europäischen Kohlenvorkommen ihrer Erschöpfung nähern werden, Fernheiz- und Ferngaswerke so allgemein benützt werden, wie dies heute beim Bezuge elektrischer Energie bereits der Fall ist. Für den Betriebswirt ergibt sich beim Wärmebezug aus einem Fernheizwerk der rechnungsmäßige Vorteil, daß die Gesamtkosten des Aufwandes an Wärme ohne weiteres gegeben sind und daß man an den Meßinstrumenten für den bezogenen Heizdampf jederzeit ablesen kann, ob der Verbrauch im Einklang mit der Kapazitätsausnutzung des Betriebes steht. Es ist auch leicht zu errechnen, wie groß der Wärmeverbrauch je Einheit des Erzeugnisses ist, wenn nur nicht zu viele Arten von Erzeugnissen der gleichen Abteilung hergestellt werden. Insbesondere bei schwankendem Wärmebedarf und bei Bezug von Heizdampf aus einem Fernheizwerk wird der Wärmeverbrauch je Stück geldmäßig ziemlich unverändert bleiben, auch wenn die Ausnutzung der Kapazität unregelmäßig ist. Dies trifft bei eigener Wärmeerzeugung im Betrieb bekanntlich nicht zu, weil es dann sog. fixe Kosten der Wärmeerzeugung gibt, die beim Bezug von Heizdampf aus einem Fernheizwerk nicht in Betracht kommen.

Mechanisierung und Automatisierung. Es wäre natürlich für die Steigerung der Wettbewerbsfähigkeit der deutschen Wirtschaft in höchstem Grade wünschenswert, wenn der Prozeß der Mechanisierung und Maschinisierung des Produktionsprozesses überall dem modernsten Stand der Technik angepaßt werden könnte. Namentlich in der Automatisierung sind in den Kriegsjahren in Deutschland große Fortschritte gemacht worden. Schon seit langem entspricht z. B. dem Ideal fast vollständig die Owensche Flaschenherstellungsmaschine. Sie arbeitet ganz automatisch, und der einzige Arbeiter, den sie benötigt, hat lediglich ihren richtigen Gang zu überwachen. Das gleiche gilt von den modernen Essigfabriken, die ganz selbständig laufen, so daß für die ganze Fabrik ein Arbeiter als Aufseher genügt. Auch in der Mälzerei, der Bierbrauerei und Spriterzeugung ist die Automatisierung weit gediehen, und rückständige Betriebe sind kaum mehr wettbewerbsfähig. In der Textilindustrie sind die Webstühle so vervollkommnet worden, daß bis zu 12 Webstühle gleichzeitig von einem Arbeiter bedient werden können, während dieser um die Jahrhundertwende höchstens zwei und in der Juteindustrie gar nur einen zu betreuen vermochte. In der Papierindustrie, in der Zündholzerzeugung, in der Tabakfabrikation und in den meisten Zweigen der chemischen Industrie hat man während der letzten Jahrzehnte unter Steigerung der Leistung die Zahl der Belegschaft immer wieder zu vermindern ver-

standen, aber zahlreiche kleine und mittlere Betriebe sind einem solchen Fortschritt nicht gefolgt. Auch in der Schuhindustrie sind viele Betriebe auf einen Stand gelangt, der einrichtungsmäßig und betriebsorganisatorisch kaum noch etwas zu wünschen übrig läßt. Es sind aber vorläufig nur die ganz großen Werke, die so weit gekommen sind, während die kleineren und mittleren Betriebe, von denen mancher an Qualität der Erzeugnisse die Großbetriebe übertrifft, noch vieles nachzuholen haben, wenn die Konzentration der Produktion in den Großbetrieben nicht weitere Fortschritte machen soll. In der Ziegel-, Schamotte- und Zementerzeugung ist die Mechanisieruug stark vorwärts getrieben worden, doch finden sich hier teilweise Rückständigkeiten anderer Art, von denen noch zu sprechen sein wird.
Nun wird aber in den ganzen nächsten Jahren die Mechanisierung und Automatisierung des Produktionsprozesses außerordentlichen Hemmungen unterworfen sein, weil einmal die deutschen Investitionsgüterindustrien und vor allem die Maschinenindustrie infolge der hier besonders hohen Demontagen, der Kriegszerstörungen, des Industrieplanes usw. auf absehbare Zeit den riesigen Bedarf nicht werden decken können, und zum anderen, weil aus den eingehend dargelegten Gründen der dem Sachkapitalmangel adäquate Geldkapitalmangel die meisten Betriebe und Unternehmungen zwingen wird, mit Ersatz- und Neuinvestitionen kurz zu treten. Kostspieligere Mechanisierungen und andere technische Verbesserungen größeren Umfanges wird man sich also zunächst nur in den seltensten Fällen leisten können. Es gibt aber eine ganze Reihe von Möglichkeiten, mit verhältnismäßig geringem Aufwand an knappen Sachgütern und Geld Verbesserungen durchzuführen, die sich für den Betrieb und darüber hinaus für die gesamte Volkswirtschaft lohnen. Es kommen zahlreiche Variationen in Betracht, bei denen die Rentabilitätsrechnung nicht immer einfach ist. Meist lohnt sich hier eine betriebswissenschaftliche Beratung, zumal ihre Kosten in der Regel schon durch die erzielten Ersparnisse weniger Wochen ausgeglichen werden. Gerade bei den meisten kleineren und mittleren Werksanlagen dürften sich zahlreiche

solcher Verbesserungen mit relativ kleinem Aufwand erfolgreich durchführen lassen.

Normung, Sonderung und Typisierung. Es sind vor dem Kriege von der deutschen Industrie in Verbindung mit dem Verein deutscher Ingenieure bedeutende Anstrengungen gemacht worden, durch Sonderung (Spezialisierung) und Typisierung die Leistungsfähigkeit der produktiven Betriebe zu erhöhen und die Selbstkosten je Erzeugungseinheit herabzudrücken. Auffallend war es, daß schon der erste Weltkrieg eine Welle der Entwicklung nach diesen Richtungen hin ausgelöst hat. Verlorene Kriege bewirken offensichtlich die allgemeine Erkenntnis, daß die Verluste am Volksvermögen nur durch eine weitgehende Rationalisierung des Produktions- und Verkehrsapparates einigermaßen rasch wieder aufgeholt werden können. So entstand Ende 1918 der „Normenausschuß der deutschen Industrie", in welchem Vertreter der industriellen Großbetriebe zusammen mit besonderen Sachverständigen im Verein deutscher Ingenieure und in Fühlung mit gewissen öffentlichen Behörden (Eisenbahnministerium, Reichsbahn direktion usw.) sog. „Normalien" verfaßten, die man zunächst als bloße Empfehlungen, später jedoch auch vielfach als bindende Vorschriften herausgebracht hat. Kennzeichnend für die Arbeit, welche man sich zu leisten vorgenommen hatte, waren die Ziele, die sich der erwähnte Ausschuß setzte.

1. Herabsetzung des Fertigungsaufwands an Material und Arbeit durch wissenschaftliche Untersuchung der Arbeitsmittel und der Arbeitsvorgänge, um zu einer Vervollkommnung aller Werkseinrichtungs- und Fertigungsverfahren zu gelangen, eine Auswahl der Arbeiter auf Grund bester Eignung zu treffen und die Betriebe überhaupt auf das bestmöglichste zu organisieren (Erzielung von Ersparnissen in den Gestehungskosten).
2. Ermäßigung in den Verwaltungs- und Betriebsspesen durch Zusammenarbeit der einzelnen Betriebe eines Geschäftszweiges zwecks technisch-wirtschaftlicher Vereinfachung und Einschränkung des übermäßigen unproduktiven Wettbewerbs sowie zwecks Vereinbarung einheit-

licher geschäftlicher Lieferbedingungen, zwecks Absatzsonderung (Spezialisierung) und zwecks Aufstellung einheitlicher Richtlinien für die Selbstkostenberechnung und Preisansetzung (Ersparnisse an den allgemeinen Selbstkosten).

Bekannt ist die gewaltige Arbeit, welche insbesondere der deutsche Normenausschuß (DIN) seit seiner Entstehung vollbracht hat. Von Normung spricht man, wenn man für gewisse, an vielen Erzeugnissen oder wenigstens für die an einer Type vorkommenden Teile, z. B. Schrauben, Kegelstifte, Keile usw. oder für Werkzeuge und andere Werkseinrichtungen einheitliche Größenmaße ansetzt. So gab es z. B. seinerzeit im deutschen Maschinenbau 28 verschiedene Gewindesysteme. Zweifellos war eine große Zahl überflüssig, und der deutsche Normenausschuß machte es sich zur Aufgabe, die überflüssigen Systeme auszuscheiden. Es kam zu einer weitgehenden Vereinheitlichung durch DIN-Normen und als Folge davon gab es schließlich nur mehr vier Systeme: das Withwort-, das internationale, das metrische und das Gasgewinde. Durch diese Vereinfachung wurden fast sechs Siebentel der vorher benötigten Werkzeuge samt ihrer Pflege und Wartung überflüssig und auch die Läger an Stücken mit Gewinden konnten erheblich verringert werden.

Jene Normen, welche so allgemein angewendete Bestandteile betreffen, wie Schrauben und andere Befestigungsmittel, hat man selbstverständlich von vorneherein als verbindlich erklärt, während speziellere Fachnormen, die lediglich für einzelne Zweige der Industrie oder gar nur für eine bestimmte Type der Erzeugung Bedeutung hatten, lediglich empfohlen wurden. Allerdings wurden viele dieser empfohlenen Normen während des Krieges aus wirtschaftlichen Gründen nachträglich ebenfalls für verbindlich erklärt.

Die erwähnten allgemeinen Normen sind durch den Hauptausschuß für Normung (DIN) festgelegt worden, der aus Erzeugern, Verbrauchern, Händlern, Wissenschaftern und Vertretern gewisser Behörden zusammengesetzt war. Es gab Unterausschüsse für jede einzelne Normungsaufgabe.

Deren Arbeitsweise war gewöhnlich die folgende: Zunächst wurden die nötigen Unterlagen durch Umfragen in den betreffenden Betrieben beschafft, dann arbeitete der Unterausschuß einen Entwurf aus, der von der Normenstelle des DIN begutachtet und in den VDI-Mitteilungen sowie anderen Fachzeitschriften veröffentlich wurde. Es gab eine Frist für Einwände und diese wurden vom Beirat des DIN, einem Beratungskörper, dem erste Fachleute und alle Obmänner der Unterausschüsse angehörten, je nach Brauchbarkeit berücksichtigt. Die vom Beirat abgeänderten oder nicht abgeänderten und schließlich für endgültig angenommenen Entwürfe veröffentlichte schließlich der DIN-Vorstand als Normen in den sog. Normenblättern. Die Aufstellung von Fachnormen, die nur speziellere Bedeutung haben, erfolgte durch andere Unterausschüsse, die von den betreffenden Industriezweigen gebildet und aus besonders branchekundigen Fachleuten zusammengesetzt wurden. Die Bildung dieser Fachausschüsse vermittelte ein eigener Hauptausschuß, der „Ausschuß für wirtschaftliche Fertigung" (AWF), und ebenso das Zusammenarbeiten mit dem Hauptausschuß für Normen (DIN), damit keine Uneinheitlichkeit in die Normung kam, was möglich gewesen wäre, wenn sich zwei verschiedene Fachausschüsse mit der gleichen Normungsangelegenheit befaßt und einander widersprechende Beschlüsse gefaßt hätten. Ansonst war der Vorgang ganz ähnlich jenem im Hauptausschuß für allgemeine Normung.

Sämtliche Normen wurden in dem bekannten Normensammelwerk der deutschen Industrie zusammengefaßt, welches aus den sog. Normenblättern besteht, die periodisch veröffentlich wurden. Die großen volkswirtschaftlichen wie einzelwirtschaftlichen Vorteile, welche durch diese Normenblätter ausgelöst worden sind, waren jedem Techniker, der in den Büros oder in den Werkstätten der Großbetriebe zu tun hatte, wohlbekannt. Man darf jedoch auf dem erreichten Stand nicht stecken bleiben, denn die Technik schreitet ständig weiter fort und aus diesen Fortschritten ergeben sich immer wieder neue Normungsaufgaben.

Von der gewaltigen Arbeit, welche der deutsche Normenausschuß und insbesondere die Ingenieure des VDI in den Jahren 1920 bis 1942 geleistet haben, erhält man eine Vorstellung, wenn man das 1942 erschienene Verzeichnis der DIN-Normenblätter durchblättert. Bis zum Kriegsausbruch fand die deutsche Normung auch international rühmliche Würdigung und zahlreiche deutsche Normen wurden unverändert auch vom Ausland übernommen. Vertreter des deutschen Normungsausschusses waren zu allen Tagungen über Normungsangelegenheiten eingeladen und wurden mit der größten Aufmerksamkeit angehört. Es ist eine der wichtigsten Aufgaben der Nachkriegszeit, das große Werk des Normenausschusses fortzuführen und es namentlich auch in den Dienst des Wiederaufbaues zu stellen.

Dem vorerwähnten Ausschuß für wirtschaftliche Fertigung fiel auch die Aufgabe der Lenkung der Sonderung (Spezialisierung) und der Typisierung zu. Unter Sonderung versteht man die Umgestaltung bzw. die Beschränkung von Betrieben, wenn nur einzelne Erzeugungszweige beibehalten werden, und zwar solche, die miteinander in dieser oder jener Fertigungsbeziehung stehen und wenn die Erzeugung von besonders ausgebildeten Konstruktions- und Werkstätteningenieuren sowie spezialisierten Arbeitern mit den vorteilhaftesten Maschinen und Betriebseinrichtungen in einheitlichem und folgerichtigem Arbeitsgang vor sich geht. Vorbedingung ist dafür die Abschaffung eines unrationellen Durcheinanders und Nebeneinanders der Herstellung verschiedenartiger Güter in denselben unvollkommen eingerichteten Werkstätten.

Von der Sonderung zur Typisierung ist es eigentlich nur ein kleiner Schritt. Man spricht von Typisierung, wenn man sich in einer Erzeugung auf die Herstellung weniger bestimmter Ausführungformen (Typen) beschränkt, von denen man annehmen kann, daß sie für die Deckung eines vernünftigen Bedarfs vollauf genügen. Durch Typisierung ermöglicht man die Herstellung verschiedenster Güter in großen Serien, und daraus ergibt sich ein sehr bedeutender Vorteil gegenüber der Einzelfertigung jedes Stücks von Fall zu Fall unter immer neuen Abweichungen von früheren Mustern.

Der Ausschuß für wirtschaftliche Fertigung (AWF) ging den oben geschilderten Aufgaben mit wissenschaftlicher Gründlichkeit nach. Er ließ jede Angelegenheit, die aktuell wurde, durch unparteiische Fachmänner prüfen und beurteilen, wobei die Interessenten oder ihre Vertreter ausgeschlossen blieben. Die eigentliche Untersuchung des betreffendes Falles besorgten dann Unterausschüsse (Studien- oder Arbeitsausschüsse), von denen schließlich auch die Interessenten befragt wurden. Das Ergebnis der Untersuchung wurde dann vom AWF den interessierten Industriekreisen zugeleitet, die dann die entsprechenden Folgerungen daraus ziehen konnten. Entweder machte sich jeder der größeren Erzeuger diese Ergebnisse einzeln zunutze oder eine Organisation des betreffenden Erzeugungszweiges regelte die Fragen durch Empfehlung oder Auftrag an ihre Mitglieder. Der AWF vermittelte auch das Zusammenarbeiten der Erzeuger, Verbraucher und Händler als unparteiische Stelle und gegebenenfalls besorgte er sich die entsprechenden Interventionen bei den zuständigen Behörden. Weiter machte er sich zur Aufgabe, den gegenseitigen Erfahrungsaustausch zu betreuen, der volkswirtschaftlich von größter Wichtigkeit ist, der aber aus Wettbewerbsneid und kleinlicher Ängstlichkeit bei der Hütung von oft nur eingebildeten Geschäftsgeheimnissen häufig nicht zustande kam. Auch die Arbeit dieses Hauptausschusses war außerordentlich segensreich für die Entwicklung der industriellen Erzeugung in Deutschland. Als Beispiel des Nutzens einer Sonderung und Typisierung sei eine größere deutsche Fahrradfabrik erwähnt, die auch Motorräder und Kleinkraftwagen produzierte. Sie stellte die Erzeugung von Motorrädern und Kraftwagen zunächst überhaupt ein. Dann beschränkte sie die Herstellung der Fahrräder von ursprünglich zwanzig auf sechs Typen. Schon durch die Aufgabe der Erzeugung von Motorrädern und Kraftwagen, also durch die Sonderung und durch eine technisch-wirtschaftliche Reorganisation des Betriebes, die nur auf Fahrraderzeugung Bedacht zu nehmen brauchte, gelang es, die Selbstkosten eines gewöhnlichen Herrenfahrrades auf die Hälfte der früheren Selbstkosten zu senken. Durch die

Typisierung (Beschränkung auf wenige Typen) konnten die Selbstkosten weiter um ein Drittel herabgedrückt werden. Es gibt heute Erzeugungen, in welchen die Normung, Sonderung und Typisierung fast vollkommen zur Durchführung gelangt ist. Als ein Beispiel dieser Art sei die Erzeugung von Gebrauchsuhren angeführt. Auf diesem Gebiete kann man sich eine andere Erzeugung überhaupt kaum mehr vorstellen. In sehr vielen anderen Erzeugungszweigen ist die Entwicklung nach den hier gekennzeichneten Richtungen jedoch weit zurückgeblieben. Viele der Gebrauchsgüter des täglichen Bedarfs sind heute noch immer ausgesprochen Mangelware, und es ist allgemeiner Wunsch breitester Bevölkerungskreise, daß der Bedarf an diesen Gütern so bald als möglich wieder gedeckt werden kann. Dieser Zeitpunkt kann um so früher eintreten, je mehr wir die verschiedensten Arten unserer Fertigung nach wissenschaftlichen Gesichtspunkten in großen Serien und zu minimalen Selbstkosten je Stück durchführen. Schließlich sei auch noch erwähnt, daß der Verein deutscher Ingenieure sich auch mit den Problemen der engeren Betriebswissenschaft, insbesondere mit den Zeitstudien, befaßt hat. Es wurde hierzu ebenfalls ein eigener Hauptausschuß (Refa) gebildet. Auch auf diesem Gebiete sind sehr anerkennenswerte Leistungen vollbracht worden. Das Werk des Refa ist aber ebenfalls noch keineswegs als abgeschlossen anzusehen und eine weitere Fortführung dieser Arbeiten ist anzustreben. Der Verein deutscher Ingenieure, welcher seinerzeit als eine rein wissenschaftliche Standesorganisation der Diplomingenieure gegründet worden ist und dann leider während des Dritten Reiches im Wege seiner Eingliederung in den Bund der deutschen Technik zu einer nationalsozialistischen Parteigliederung gemacht wurde, verfiel nach dem Zusammenbruch des Dritten Reiches der Auflösung durch die alliierte Militärregierung. Man hat jedoch den Diplomingenieuren wieder gestatten müssen, eine ähnliche wissenschaftliche Standesvereinigung, wie sie seinerzeit bestand, neu zu gründen. Vor allem aber ist für den Wiederaufbau eine Wiederbelebung des DIN, des AWF und des Refa außerordentlich notwendig und dringend. Es gab neben diesen Ausschüssen noch ein „Reichskuratorium für Wirtschaftlichkeit" (RKW), welches von staatlicher Seite her die Rationalisierungsbestrebungen betreute und förderte. Auch die Tätigkeit dieses Amtes war volkswirtschaftlich nützlich und lobenswert. Wir vermissen sie heute bitter. Nach Herstellung einer deutschen Wirtschaftseinheit über alle vier Besatzungszonen, entsprechend den Potsdamer Beschlüssen, wird es eine der dringendsten Notwendigkeiten sein, das RKW wieder zu beleben, ja ihm vielleicht noch weitere Befugnisse einzuräumen, als es sie vorher jemals hatte. Bevor noch die genannten deutschen Organisationen wiederhergestellt sind, wurde durch die vom britischen Board of Trade veranstaltete deutsch-englische arbeitswissenschaftliche Tagung in Hahnenklee Mitte Dezember 1946 der erste gelungene Versuch zu einem internationalen Erfahrungsaustausch auf diesem wichtigen Gebiete gemacht.

Verminderung der inneren Transportarbeit. Die Verbesserung des Verkehrswesens gehört mit zu den dringendsten Aufgaben, die in der nächsten Zeit zu bewältigen sind. Unser Verkehrsapparat, vor allem das Netz der Eisenbahnen, ist durch viele Jahre hindurch stark vernachlässigt worden, so daß sich ein außergewöhnlicher Nachholungsinvestitionsbedarf angesammelt hat. Durch große Kriegszerstörungen und erhebliche Kriegsfolgeschäden sind weitere Ausfälle eingetreten. Ganz ähnlich liegen die Verhältnisse in der Binnenschiffahrt und im Straßenverkehr. Es ist deshalb von größter Bedeutung, die noch vorhandenen Reste an Verkehrsmitteln so intensiv wie möglich auszunutzen, die natürliche Arbeitsteilung zwischen Eisenbahn, Binnenschiffahrt und Straßenverkehr wiederherzustellen, alle unnötigen Transportumwege zu vermeiden, die Reparaturen an Verkehrsmitteln zu beschleunigen, um nach und nach die heute immer wieder auftretenden Verkehrsengpässe zu beseitigen. Solange allerdings die völlige Zoneneinheit nicht wiederhergestellt ist, sind diese Aufgaben kaum lösbar. Je schneller der gesamtdeutsche Verkehrsapparat wieder zu einer Einheit zusammenwächst, desto größer werden die

Erfolge in der Transportleistung sein und desto eher können wir damit rechnen, daß eine volle Ausnutzung natürlicher Standortsbedingungen der Produktion einen unnötigen Transportbedarf ausschaltet.

Aber auch im Einzelbetrieb erhebt sich in der Zukunft mehr denn je die Forderung nach möglichst weitgehender Verringerung der inneren Transportarbeit. Der Kostenanteil des inneren Transports ist in vielen Betrieben noch übermäßig hoch. In zahlreichen großen Werken, die von vorneherein auf Fließbandarbeit eingerichtet sind, werden zwar überflüssige Wege längst vermieden und ist die Pioniertätigkeit, die z. B. ein Henry Ford gerade auf diesem Gebiete geleistet hat, verwertet worden. In den kleineren und mittleren Betrieben, ja selbst in manchen Großbetrieben, bleibt jedoch auf diesem Gebiete der Rationalisierung noch viel zu tun übrig. Das gilt nicht zuletzt auch von solchen Werken, die nach und nach erweitert worden sind.

Grundsätzlich soll der Hauptwerkstoff den ganzen Betrieb nur in einer Richtung durchwandern. Das ganze Werk soll unter günstigster Ausnutzung der Geländeverhältnisse nach Möglichkeit so angelegt sein, daß an der rechten Seite des Schleppgeleises die Lager für den Hauptwerkstoff liegen, an der linken Seite die Lager für die Fertigprodukte, so daß zwischen diesen beiden Lagern ein kontinuierlicher Kreislauf der Fertigung stattfinden kann. Am widersinnigsten sind gegenläufige Auf- und Abwärtstransporte in den Werksgebäuden, insbesondere dann, wenn der Hauptwerkstoff ein hohes spezifisches Gewicht hat, wie das z. B. bei Metallen der Fall ist. Es soll darüber hinaus aber auch dahin gestrebt werden, die Nebenwerkstoffe und Betriebs- und Hilfsstoffe auf den kürzesten Wegen an die Bedarfsstellen gelangen zu lassen.

Wenn dies bereits bei der Neuanlage von Werken versäumt worden ist, dann lassen sich solche Planungsfehler oft nur noch unter erheblichen Kosten oder überhaupt nicht mehr gutmachen. Obwohl das Grundprinzip in seiner Allgemeinheit ziemlich einfach erscheint, erfordert seine Befolgung im konkreten Einzelfalle nicht selten umständliche und schwierige Kostenvergleichsrechnungen, denn die möglichen

Varianten sind in der Regel zahlreich, und zuweilen ist sogar eine beträchtliche Erfindungsgabe des Beraters für eine solche Reform erforderlich. Fremde Muster einfach zu übernehmen, ist selbst in Betrieben des gleichen Erzeugungszweiges durchaus nicht immer zu empfehlen.

Es ist naheliegend, daß man angesichts der Technik des 20. Jahrhunderts bei den Problemen der inneren Transportarbeit namentlich den Menschen als „Kuli" auszuschalten trachtet. Dies führt zu einer weitgehenden Mechanisierung der inneren Transportarbeit durch Werkskleinbahnen, elektrisch angetriebene Laufkatzen oder Karren, in neuester Zeit hauptsächlich durch Fließbänder, Rollenförderer usw. Es empfiehlt sich, den Förderplan in Verbindung mit der Arbeitsvorbereitung aufzustellen, um mehrmaliges Auf- und Umladen zu vermeiden. Aus den oben eingehend geschilderten Gründen ist in der nächsten Zukunft auch der Mechanisierung der inneren Transportarbeit eine engere Grenze gezogen, als sie in normalen Zeiten gegeben war. Sie richtig zu erkennen, wird nicht immer leicht sein.

Die Organisation der menschlichen Arbeit. Bei den technischen Begrenzungen, die in der nächsten Zeit durch den Mangel an Sach- und Geldkapital gesetzt sein werden, wird das Schwergewicht der Rationalisierung in der zweckmäßigsten Organisation der menschlichen Arbeit liegen müssen. Sie hat durch die Jahrhunderte hindurch große Wandlungen erfahren. Das Altertum verwendete Sklaven, denen in der Regel auch die Kriegsgefangenen gleichgestellt waren. Die großen Bauten des Orients, namentlich in Ägypten, Mesopotamien und Persien, legen Zeugnis davon ab, daß mit dieser Organisation immerhin staunenswerte Leistungen vollbracht werden konnten. Das Mittelalter hat zweckmäßigere Formen der Arbeitsorganisation zuwege gebracht, und in den Werkstätten der städtischen Handwerker war die Organisation durch manche Handwerksordnung bis zu einem Grade durchgebildet, den man in Anbetracht der damaligen Verhältnisse als nahezu vollkommen bezeichnen kann. Allerdings arbeiteten damals die Betriebe durchweg mit einer relativ geringen Arbeiterzahl. Größere Belegschaften gab es z. B. bei den Dombauhütten, und diese scheinen in den Grundprinzipien der Arbeitsteilung und der Zusammenfassung der geteilten Arbeit recht gut Bescheid gewußt zu haben. Der Dombau des Mittelalters ist mit den modernen Großbetrieben der Industrie schon einigermaßen vergleichbar.

In der Neuzeit hat man zunächst der zweckmäßigsten Nutzung der Arbeitskraft noch keine größere Beachtung geschenkt. In der Epoche des Manchesterliberalismus galt die Arbeit als Ware, deren Preis sich nach Angebot und Nachfrage richtete, und es wurde mit ihr ein unerhörter Raubbau getrieben. Die damaligen Regierungen verboten die Vereinigung der Arbeiter, die die Stellung von Lohnforderungen und Streikabstimmungen zum Zwecke hatten. Dagegen waren Verbände der Unternehmer zur Organisation von Aussperrungen gestattet. Ein solches Verhältnis zwischen Unternehmer und Gefolgschaft konnte einer wirklich zweckmäßigen Organisation der Arbeit in den größeren Betrieben nicht förderlich sein. In den kleineren und mittleren Betrieben erhielt sich dagegen oft noch eine Art patriarchalischen Verhältnisses, ähnlich, wie es im mittelalterlichen Handwerk gegeben war. Erst die sozialen Bewegungen gegen Ende des vorigen Jahrhunderts räumten nach und nach mit den unsozialen Zuständen in den größeren Betrieben auf. Der geistige Pionier auf dem Gebiete der Sozialökonomie war der deutsche Volkswirtschafter Gustav Schmoller, der von seinen Gegnern zu Unrecht als Kathedersozialist verunglimpft worden ist.

Die heutige Organisation der Arbeit kann als ein System humanitärer Menschenführung bezeichnet werden. Es wird nicht einfach befohlen, wie der Arbeiter sein Tagewerk zu verrichten hat, und auch bezüglich der Leistung wird lediglich eine Begrenzung der zu fordernden Mindestleistung vorgenommen. Je nach den Ländern und den Eigenarten der Bevölkerung sind die Lösungen des Problems verschieden. Man vergleiche etwa die Arbeitsverhältnisse Sowjetrußlands mit jenen in der Schweiz oder gar in den Vereinigten Staaten. Die Richtigkeit einer solchen Lösung ist von nicht unerheblichem Einfluß auf die technisch-wirtschaftliche Seite des Problems, der vorteilhaftesten Organisation der Menschenarbeit, von der jetzt die Rede sein soll. Die wichtigsten technisch-wirtschaftlichen Grundsätze, nach welchen man die menschliche Arbeit im Fertigungsvorgang zu organisieren hat, sind seit langem bekannt. Trotzdem werden sie namentlich in den kleineren und mittleren Betrieben, wo es eigentlich am leichtesten sein sollte, häufig nicht genügend beachtet. Insbesondere ist die Planung der Arbeit und des Menscheneinsatzes vielfach noch unvollkommen. Es muß der oberste Grundsatz jedes Betriebsleiters sein, das Arbeitsprogramm der Woche bzw. des Tages so einzurichten, daß kein Gefolgschaftsmitglied seine Arbeit zu unterbrechen braucht, weil andere Abteilungen des Betriebes zu langsam vorankamen, wie dies durch Mangel an Reservemaschinen als Ersatz für beschädigte Maschinen, durch zu geringen Einsatz von Arbeitskräften oder durch andere Fehler erzwungen werden kann. Gewiß kann dieser Fall auch bei größter Umsicht und Vorausschau des Betriebsleiters aus unvorhergesehenen oder unvorhersehbaren Gründen eintreten. Gerade in der Gegenwart, wo immer neue Engpässe auf allen möglichen Gebieten auftreten, wo nicht mehr aus dem Überfluß, sondern aus dem Mangel heraus gewirtschaftet werden muß, wo den Unternehmungen oft von außen her die größten und oft auch unnötigen Schwierigkeiten bereitet werden, ist ein reibungsloser Fluß im Fertigungsprogramm überaus schwer zu erreichen. Dann muß die Wendigkeit und Improvisationsgabe der Betriebsführung den richtigen Ausweg zu finden suchen. Hier kann der Klein- und Mittelbetrieb dem Großbetrieb wegen der größeren Übersichtlichkeit der Verhältnisse überlegen sein, wenn auch die Zahl der Möglichkeiten für den Einsatz unfreiwillig feiernder Arbeiter an anderen Stellen durchweg geringer sein wird als bei den größeren Betrieben.

Ein zweiter Grundsatz ist der, jedes Gefolgschaftsmitglied an derjenigen Arbeitsstelle einzusetzen, an der es den größten Beitrag zur Gesamtleistung des ganzen Betriebes zu erbringen vermag. Man drückt dies gewöhnlich mit dem Worte aus „Jeden Mann an den richtigen Platz". Aber solche Definitionen sind nichtssagend, solange nicht feststeht, was als richtig und was als unrichtig zu gelten hat. Ferner sind grundsätzlich die Maschinen und sonstigen Werkseinrichtungen, mit Ausnahme der für Havariefälle vorgesehenen Reserven, so vollständig als möglich auszunutzen. Denn die Zinsen des Maschinen- und Einrichtungskapitals, die sog. „feste" Kostenbestandteile bilden, müssen auf ein Maximum an erzeugten Gütern verteilt werden können. (Ob feiernde Maschinen usw. Zinsen einbringen können, ist eine Streitfrage, deren Klärung von den jeweiligen besonderen Verhältnissen abhängt.) Dies führt in den meisten Fällen zur dreifachen 8-Stunden-Schicht oder zur vierfachen 6-Stunden-Schicht in 24 Stunden. Vor dem Kriege ist man freilich nur so weit gegangen, wenn aus technischen Gründen ein kontinuierlicher Betrieb unvermeidlich war. Im Kriege mußte man es aus anderen als Verzinsungsgründen tun und es wird auch für den größten Teil der jetzigen Wiederaufbauperiode dabei bleiben müssen, solange der Zufluß an Material und Hilfsstoffen es erlaubt und andererseits noch zahlreiche Werke wegen Kriegsschäden, Demontage usw. ausgefallen sind.

Eine wichtige Frage der Organisation menschlicher Arbeit ist auch die richtige Abgrenzung der einzelnen Phasen des Fertigungsprozesses. Es gibt in jedem Betrieb eine optimale Anzahl dieser Phasen und einen optimalen Anfang sowie ein optimales Ende jeder Phase. Der erfahrene Betriebswissenschafter wird von vorneherein nicht weit vom Optimum entfernt bleiben. Der weniger erfahrene wird Versuche anstellen, die manchmal rasch, mitunter aber erst nach zahlreichen Fehlschlägen zu einem halbwegs befriedigenden Ergebnis führen. Das hauptsächlichste Vergleichsmittel hierbei sind die Arbeitszeitstudien und die Leistungsmessungen im Stunden- bzw. Tagesdurchschnitt. In erster Linie ist die Dauer der Einzelphasen so zu bestimmen, daß am Ende der Schichtzeit auch die letzte Phase des Tages abgeschlossen werden kann; denn ob nun ein Schichtwechsel stattfinden kann oder nicht, die Unterbrechung einer Phase am Ende der Schichtzeit ist in der Regel unvorteilhaft. Eine stetige Abwicklung der Fertigung ohne Störung des Betriebs ist ratsam. Zu dieser soll man auch die intelligentesten Arbeiter heranziehen. Diese Aufgabe ist in der nächsten Zeit schon deshalb vordringlich, weil eine große Zahl von Flüchtlingen und Ausgewiesenen aus dem Osten in den Produktionsprozeß eingegliedert werden muß und es darauf ankommt, sie an den richtigen Arbeitsplatz zu stellen und Umschulungszeitverluste dabei soweit wie möglich zu vermeiden.

Schließlich darf nicht unerwähnt bleiben, daß es sowohl technisch-wirtschaftliche Überlegungen anzustellen als auch auf arbeitspsychologische Erscheinungen Rücksicht zu nehmen gilt. Betriebsführer und Betriebsberater müssen in einem gewissen Grade auch psychologisches Einfühlungsvermögen besitzen. Ein Mangel daran kann zu erheblichen Leistungsminderungen führen, was sich während des Krieges bei der Verwendung ausländischer Arbeiter häufig gezeigt hat. Auf unvernünftige Eigenwilligkeiten des Arbeiters kann der Arbeitsleiter selbstverständlich nicht Rücksicht nehmen, aber wenn ganze Gruppen von Arbeitern bestimmte Vorstellungen erheben oder Beschwerden vorbringen, ist es die Pflicht des Arbeitsleiters, über den Fall ernstlich nachzudenken, insbesondere, wenn Beschwerden mit positiven Vorschlägen einer gewissen Abänderung der Organisation verbunden sind. Schon oft genug haben sich solche Vorschläge als fruchtbar erwiesen und zu Leistungssteigerungen geführt. Von der richtigen Organisation der Menschenarbeit hängt teilweise die Zeit ab, welche die deutsche Wirtschaft zu ihrem Wiederaufbau benötigt, und es ist keineswegs gleichgültig, ob wir diese Zeit um einige Jahre abkürzen oder verlängern. In Verbindung mit einer Normung, Typisierung und sonstigen Vereinheitlichung der Fertigungselemente kann eine zweckmäßige Organisation der menschlichen Arbeit auch bei den zu erwartenden Hindernissen der Technisierung und Automatisierung entscheidend zu einer Abkürzung der Wiederaufbauzeit beitragen.

Die kleinsten Lager. Soll in einem größeren Betrieb ein ununterbrochener Fluß der Fertigung gesichert bleiben und kein Stillstand durch das unerwartete Ausgehen dieses oder jenes Roh-, Betriebs- und Hilfsstoffes, der Befestigungsmittel und anderen Halbzeugs entstehen, so müssen ziemlich große Bestände dieser Güter auf Lager gehalten werden. Der Lagerverwalter hat eine sehr große Verantwortung, er muß in hohem Maße Umsicht und Weitblick besitzen. Er muß wissen, welcher Minimalbestand als eiserner Vorrat anzusehen ist, der nicht oder notfalls nur vorübergehend unterschritten werden darf. Bei jedem Auftrag, den die Betriebsleitung zur Ausführung übernommen hat, wird der Lagerverwalter davon verständigt, wieviel Lagermaterial dazu erforderlich ist, das er dann in Evidenz halten muß. Wenn durch derartige Bereitstellungen diese oder jene Sorte des Lagers unter das Minimum des eisernen Bestandes zu sinken droht, hat er rechtzeitig für Nachbestellungen zu sorgen usw.

Nach alter Geschäftsgepflogenheit hat man deswegen die Lagerbestände so groß wie möglich gehalten, um für alle Fälle gesichert zu sein. Das ist aber schließlich unwirtschaftlich, denn man benötigt zu große Lagerräume und die Stapel fressen mehr Zinsen als nötig wäre. Deswegen hat sich die wissenschaftliche Betriebsführung sehr eingehend auch mit dem Lagerwesen befaßt und den Grundsatz von den kleinsten Lägern aufgestellt, bei welchen noch die genügende Sicherheit für einen ununterbrochenen Fertigungsgang gegeben erscheint. Diese kleinsten Läger bzw. die Erreichung des unbedingt nötigen Minimums hängen einerseits von einer wohldurchdachten Organisation des ganzen Betriebes ab, andererseits aber auch davon, daß die Lieferanten der Roh-, Betriebs- und Hilfsstoffe, der Befestigungsmittel und sonstigen Halbfabrikate, die im Betrieb weiter verarbeitet werden sollen, verbindliche Liefertermine geben können, so daß man sich darauf verlassen kann, an einem bestimmten Tag nach Bestellung diese oder jene dringende Ergänzung des Lagers erhalten zu können.

Mit Rücksicht auf den Mangel an Stapelgütern, an dem die deutsche Volkswirtschaft voraussichtlich lange zu leiden haben wird, wäre es volkswirtschaftlich von größter Wichtigkeit, daß man den Grundsatz von den kleinsten Lägern vollauf beherzigt und auch beherzigen kann. Die nötigen betriebswissenschaftlichen Organisationen kann man jederzeit herstellen, wo sie nicht bereits bestehen. Wie sieht es aber mit der zweiten Vorbedingung aus, der termingerechten Einlangung von Nachbestellungen? Können in unserer Nachkriegswirtschaft bei den vielen Engpässen, die überall zu passieren sind, die Lieferanten der Roh-, Betriebs- und Hilfsstoffe, der Befestigungsmittel und des sonstigen Halbzeugs feste Liefertermine eingehen und auch tatsächlich einhalten? Alle Männer der Praxis werden uns diese Fragen verneinen und uns sagen, daß man unter den gegebenen Nachkriegsverhältnissen zum alten Grundsatz von den größtmöglichen Lägern zurückkehren müßte. Der Lagerverwalter steht gegenwärtig noch vor einer unlösbaren Aufgabe, wenn er unter den gegebenen Verhältnissen die rechtzeitige Bereitstellung der für den Arbeitsprozeß notwendigen Materialien und Werkzeuge sichern wollte.

Damit unsere industrielle und handwerkliche Produktion überhaupt wieder richtig in Gang kommen kann, ist es vor allem erforderlich, daß die Erzeugung der Roh-, Betriebs- und Hilfsstoffe, der Befestigungsmittel und Werkzeuge sowie der halbfertigen Güter, die weiterverarbeitet werden wollen, so weit in Ordnung gebracht werden, daß man den weiterverarbeitenden Betrieben verbindliche Liefertermine angeben kann und diesen dadurch ermöglicht, auf das sparsamste darüber zu disponieren und den Grundsatz von den kleinsten Lägern zu befolgen. Derzeit sind nicht einmal Drahtstifte, Schrauben, Leim und andere Klebemittel terminsicher zu erhalten, geschweige denn die eigentlichen Werkstoffe.

Betrachten wir als einfacheres Beispiel nur die Nutzholzzuteilungen. In einer richtig gelenkten Volkswirtschaft genügt es nicht, etwa festzustellen, daß in der US-Zone während des Forstwirtschaftsjahres 1947 rd. 21,5 Millionen Festmeter zu fällen sind, und daß davon 60% Nutzholz sein soll, wovon wieder etwas mehr als die Hälfte den Sägen zugeteilt wird, der Rest direkt den holzverarbeitenden Großbetrieben (Zellstoff- und Papierfabriken, Möbelfabriken usw.). Es genügt auch noch nicht, wenn jede Säge und jeder direkt holzverarbeitende Großbetrieb weiß, wieviel und welche Sorten

Holz auf ihre Zuteilung entfällt, sondern sie müssen auch die Termine erfahren können, zu welchen sie die ihnen zustehenden Teilmengen effektiv erhalten werden. Nur so können die Sägen den Holzgroßhändlern und sonstigen Großabnehmern verbindliche Zusagen machen, wann sie liefern werden, und nur so können diese wieder ihrer Kundschaft gegenüber verbindliche Termine einhalten. Mit anderen Worten: Es müssen überall Lieferprogramme aufgestellt werden, und zwar so, daß sie auch tatsächlich eingehalten werden können.

Rationalisierung der Büroarbeit. Man hatte vor dem Kriege in der Kürzung, Vereinfachung und Sparsamkeit der Büroarbeit schon anerkennenswerte Fortschritte erzielt. Die allgemeine Anwendung der Rechenmaschine, der Kombinante von Rechen- und Schreibmaschine sowie der verschiedenen Systeme der Durchschreibebuchhaltungen legten Zeugnis davon ab. Der Krieg brachte insoweit einen Rückschlag, als die Bewirtschaftung der meisten Roh- und Betriebsstoffe zusätzliche Schreib- und Registrierarbeit verursachte. Leider wird diese Mehrbelastung des Büros auch in der Nachkriegszeit nicht so bald wieder verschwinden können, weil der Bedarf Deutschlands an Roh-, Betriebs- und Hilfsstoffen noch geraume Zeit größer sein dürfte als das Angebot, wenn auch die Grenzsperren bald fallen dürften und teilweise schon gefallen sind.
Wenn wir also heute an eine weitere Rationalisierung des Betriebsbüros denken, so müssen wir vor allem dieser aus dem Kriege verbliebenen zusätzlichen Belastung unserer Bürokräfte zu Leibe rücken. Hier sind noch verschiedene Vereinfachungen möglich, wenn nur die Aufsichtsbehörde einiges Einsehen zeigt und zu der Lagerbuchführung, die sowieso in Ordnung gehalten werden muß, mehr Vertrauen gewinnt. Es kommt jetzt übrigens weniger darauf an, daß eine lückenlose Kontrolle der Bewirtschaftung gesichert wird, als vielmehr darauf, daß wir unfruchtbare Büroarbeit soweit wie möglich vermeiden und dafür alle unsere Kopfarbeiter voll im Dienste am Wiederaufbau und den notwendigen Umstellungen der Betriebe einsetzen. In zweiter

Linie wäre die Planungsarbeit für den Zweck des Wiederaufbaues so zu lenken, daß eine doppelte und mehrfache Bearbeitung desselben Gegenstandes unterbleibt. Gewiß wollen wir zum freien Wettbewerb innerhalb der Grenzen kaufmännischer Fairneß zurückkehren, aber wenn sich etwa mehrere Bauunternehmerfirmen um einen Plan mit Kostenvoranschlag bewerben und vorlegen, so wird offenbar die gleiche Büroarbeit mehrmals geleistet. Vertraut man dagegen etwa den Wiederaufbau eines zerstörten Wohnhauses einem Architekten an, der den Plan entwirft, die Abschlüsse mit der Baufirma und evtl. mit den Bauhandwerkern als Treuhänder der Bauherren durchführt und schließlich auch die Ausführung überwacht, so entfällt offenbar eine Menge Planungs- und Kostenberechnungsarbeit, weil sie nur einmal geleistet zu werden braucht.
Das, was der Architekt beim Wiederaufbau von Wohnhäusern oder Gebäuden der öffentlichen Verwaltung der Kulturpflege leistet, das können die Ingenieurbüros bei der Wiederherstellung von Betrieben leisten, wenn man sie nicht nur als Berater heranzieht, sondern ähnlich bevollmächtigt, wie dies in England und Amerika längst üblich geworden ist, während es bei uns, außer in der schönen Architektur, nur ausnahmsweise vorkommt.
Die technische Arbeit einer solchen Planung läßt sich wesentlich vereinfachen, wenn man sich damit begnügt, daß gute und deutliche Bleistiftskizzen hergestellt und phototechnisch vervielfältigt werden. Solche Vervielfältigungen sollten auch als Einreichplan zugelassen werden. In den statischen Berechnungen wiederum wird die Materialbeanspruchung auf mehrere Ziffernstellen ausgerechnet, während die maßgebendste Zahl dieser Berechnungen, der Elastizitätsmodul, immer nur auf die ersten beiden Ziffernstellen genau ist. Es hat also gar keinen Sinn, die Beanspruchungen auf mehr als zwei Ziffernstellen genau auszurechnen, was mit Rechenschieber geschehen kann. Es wird ja überdies noch mit 4- bis 10facher Sicherheit dimensioniert. Etwas Ähnliches gilt von den Voranschlägen der Kosten. Keine Wertzahl ist genauer als höchstens auf die ersten drei Ziffernstellen, ob es sich nun um einen Apfel

handelt oder um den Bestandswert eines großen Industriekonzerns. Kostenvoranschläge und Bilanzzahlen werden jedoch auf 6 bis 7 Ziffernstellen ausgerechnet, eine ganz überflüssige Fleißarbeit, die jeder technisch-wirtschaftlichen Notwendigkeit bar ist. Ein erfahrener theoretischer Mathematiker könnte der Rationalisierung unserer Volkswirtschaft einen wertvollen Dienst erweisen, wenn er Vorschläge zur Vereinfachung der Kostenberechnung ausarbeiten würde, die dann allgemein in Geltung gesetzt werden können.

Wir haben nun die allgemeinen, größeren und wichtigen Einsparungsmöglichkeiten hier behandelt. Wenn man gründlich Umschau hält, so wird man noch zahlreichere kleinere entdecken, die jeweils in einem speziellen Bereich für bestimmte Zweige der Bau- und Produktionswirtschaft Bedeutung haben. Die grundsätzliche Forderung aber lautet: „Weniger rein schematische, dafür mehr gediegene schöpferische Arbeit." Im übrigen verweisen wir auf die amerikanische Organisation der Büroarbeit.

Wenn die mehrfache Planung und der mehrfach vorgenommene Kostenvoranschlag entfallen, tritt eine Ersparnis am nationalen Arbeitsaufwand für den Wiederaufbau ein. Der volkswirtschaftliche Vorteil ist also ohne weiteres ersichtlich, wenn die Mehrgleisigkeit vermieden wird, aber es läßt sich unschwer zeigen, daß dies auch einzelwirtschaftliche Vorteile einbringt. Die Baufirmen müssen ihre durch die vergeblichen Bewerbungen entstandenen Spesen für Planung und Kalkulation selbstverständlich irgendwie hereinbringen. Dies kann nur dadurch geschehen, daß die verlorenen Spesen auf zustande kommende Aufträge übergewälzt werden, welche die Baufirmen erhalten. Dies bringt eine unnötige Verteuerung für die betreffenden Bauherren mit sich, und bei der Unsicherheit bezüglich der Reichsentschädigung ist es ganz unverantwortlich, den wiederaufbaulustigen Bauherren ihre Aufgabe kostspieliger zu machen als unbedingt nötig wäre.

Das Vertrauen, welches den Ingenieurbüros sowie den Architekten nach unserem Vorschlag entgegengebracht werden muß, darf selbstverständlich nicht enttäuscht werden, und die Pflicht zur Gewissenhaftigkeit der Ingenieure und Architekten bei solchen Wiederaufbauaufträgen muß besonders ernst genommen werden, die Pflichtvernachlässigung dagegen ist hier noch verwerflicher als bei anderen Gelegenheiten. Kriegsgeschädigte Bauherren beim Wiederaufbau übervorteilen zu wollen, wäre eine dem nationalen Gemeinsinn so widersprechende Handlungsweise, daß gegen solche Unternehmer gegebenenfalls die Fachvereinigungen einschreiten und Konzessionsentzug beantragen sollten.

Die Ökonomisierung des Vertriebs. Der Verfasser erinnert sich eines Falles aus der Vorkriegszeit, in welchem die Gestehungskosten an Material und Arbeit für den Bau einer Maschine genau auf Mark und Pfennig berechnet wurden, worauf man 57% für Generalregie und Vertriebsspesen zuschlug. Von diesem Zuschlag entfiel mehr als die Hälfte auf die Provision des akquirierenden Vertreters. Bei Kühlmaschinen und Kühlschränken dürften die Provisionen noch etwas höher gewesen sein. Die Inseratenakquisiteure der großen Presse erhielten 25 bis 33% der Inseratengebühr usw. Die Zahl solcher Beispiele läßt sich beliebig vermehren. Das sind Sätze, welche den Preis der wichtigsten Produktionsgüter offenkundig ganz ungebührlich hinaufschrauben. Im Laufe des Krieges nahm der Umfang des Akquisitions- und Agentenapparates allmählich ab, einfach deshalb, weil man ihn nicht mehr brauchte und ohne ihn seine ganze Erzeugung mühelos unterbrachte. Dieser Zustand wird in der Nachkriegszeit wohl noch einige Zeit andauern, es ist aber doch leicht möglich, daß sich die alten Geschäftsusancen mit der Zeit wieder einschleichen. Dem sollte entsprechend vorgebeugt werden. Braucht ein Betriebsleiter nach dem Kriege seinen Betrieb nicht umzustellen, so weiß er schon bei normaler Tüchtigkeit, was für Maschinen und sonstige Betriebseinrichtungen er braucht und woher er sie beziehen kann. Muß er aber umstellen und weiß es deshalb nicht ganz sicher, so braucht er sich nur an einen guten Betriebsberater zu wenden, um eine gute und verläßliche Auskunft zu erhalten. Überdies sind die üblichen Honorare der Betriebsberater weit niedriger als es die Akquisitionsprovisionen der Vorkriegszeit waren. Auch wie und was er in Zeitungen inserieren soll, erfährt der Betriebsleiter durch den Betriebsberater weit besser als durch den Akquisitionsagenten einer Zeitung. Schon durch Befolgung dieser Ratschläge wird man die Betriebskosten wesentlich senken und den Ersatz kriegsvernichteter Maschinen sowie anderer Werkseinrichtungen entsprechend verbilligen können. Dies muß schließlich auch auf den Preis der produzierten Verbrauchsgüter rückwirken, wenn auch in den Selbstkosten der Posten für Abnützung der Betriebseinrichtungen und für Verzinsung des darin steckenden Anlagenkapitals in der Regel sehr gering ist.

War der zumeist nicht ganz lautere Wettbewerb über die Provisionsagenten schon in friedlichen Zeiten mit reichem Überfluß eine schwer verantwortbare Beeinträchtigung der möglichen volkswirtschaftlichen Bestleistung, so wäre es in der Wiederaufbauzeit nach einem Kriege mit furchtbaren Verwüstungen des realen Volksvermögens ein Verbrechen gegen die Kriegsgeschädigten selbst und sogar noch gegen die nächste Generation unseres Volkes — denn diese würde noch darunter zu leiden haben —, wenn die Zeit des Wiederaufbaues länger als unbedingt nötig dauern würde und wenn seine Kosten sich ungebührlich erhöhten. Wir sind durch den Verlust des Krieges ein armes Volk geworden. Nur durch Sparsamkeit und fleißige produktive Arbeit können wir wieder zu einigem Wohlstand gelangen, nicht durch Agentengeschwätzigkeit und unlauteren Wettbewerb untereinander.

Eine zweite, ebenso heikle Angelegenheit des Vertriebs ist die Reklame. Es haben sich einzelne Beleuchtungsfirmen einige Mühe gegeben, die Lichtreklame geschmackvoller zu gestalten. Dennoch wird der kultivierte Mitteleuropäer von dem Meer der Lichtreklamen im Zentrum unserer Städte, wie sie vor dem Kriege bestand, ästhetisch nicht sehr befriedigt gewesen sein. Im Kriege fiel diese Lichterspielerei schon wegen der Verdunkelungsvorschriften fort und dies gestattete gleichzeitig, elektrische Energie einzusparen. Die Kosten der Lichtreklame sind keineswegs unerheblich und müssen im Preise für die Ware oder die angebotene Leistung selbstverständlich gedeckt sein.

Die Reklame durch Zeitungen, Zeitschriften oder durch Plakate ist im Zeichen der Kriegswirtschaft gleichfalls sehr eingeschränkt worden. Auch die Kosten dieser Reklame waren nicht unbeträchtlich und volkswirtschaftlich gesehen zum guten Teil Verschwendung von Material, Energie und nationaler Arbeit. Unseres Erachtens sollten die während des Krieges verfügten Beschränkungen während der Wiederaufbauperiode nicht allzu rasch gelockert werden. Es sei anerkannt, daß bei dieser Reklame dem künstlerischen Geschmack in den letzten Vorkriegsjahren mehr Rechnung getragen wurde als bei der Lichtreklame, aber erstklassige Vertreter der bildenden Kunst haben sich wohl nur ausnahmsweise dazu hergegeben, Entwürfe für Werbungszwecke zu liefern, z. B. anläßlich von Wohltätigkeitsveranstaltungen oder nationalen Festlichkeiten. Reklame für derartige Zwecke sollte man auch von den Beschränkungsvorschriften ausnehmen.

Desgleichen möchte ich nichts gegen die Geschäftsreklame durch den Film in Lichtspieltheatern einwenden, weil sie nur geringen Aufwand erfordert und sehr wirksam ist. Der Rundfunk ist bisher nicht in den Dienst der Geschäftsreklame gestellt worden. Die Rundfunkreklame würde besonders volkswirtschaftlich noch weniger Unkosten bereiten als die Kinowerbung. Vielleicht wird sie sich auch bei uns noch entwickeln. Hier wäre auch die leichteste Möglichkeit geboten, unlauteren Werbungsbestrebungen durch die Zensur einen Riegel vorzuschieben.

Seit nun fast 10 Jahren ist die Notwendigkeit, für den Absatz zu werben, immer geringer geworden und hat schließlich fast ganz aufgehört. Der Unternehmer muß aber damit rechnen, daß dieser Zustand über eine gewisse Übergangszeit mehr oder weniger vollständiger Bewirtschaftung hinaus nicht andauern wird. Schon nach der Währungsreform hat das Marktbild auf manchen Gebieten eine grundlegende Verschiebung erfahren. Wird die Bildung eines neuen Kaufkraftüberhangs vermieden, dann wird voraussichtlich der Kampf um einen zureichenden Marktanteil mit wachsender Schärfe wieder aufleben. Er wird zwar in erster Linie mit den Mitteln des billigsten Preises und der Qualität zu führen sein, und diese beiden Faktoren werden vor allem darüber entscheiden, ob ein Betrieb eine möglichste Vollausnutzung der in ihm arbeitenden Produktivkräfte erreichen und damit den Anteil der fixen Kosten entsprechend senken kann. Immerhin wird trotz des Erfordernisses schärfster Kalkulation eine *zweckentsprechende Reklame* dabei von erheblichem Nutzen sein können, wenn die Voraussetzung der vollen Wettbewerbsfähigkeit hinsichtlich Preis und Qualität der Erzeugnisse gegeben ist. Dann kann sich auch die Ausgabe für Reklame und Werbung durchaus lohnen. Unter allen Umständen wird man aber eine strenge Auswahl hinsichtlich der Wirksamkeit der Reklame treffen müssen, um unnötige Kosten zu vermeiden. Solange in der Gegenwart und nächsten Zukunft der Absatz noch kein Problem darstellt, sollte man sich allenfalls auf eine Erinnerungswerbung beschränken.

Ganz ohne Werbung kann das Geschäftsleben in einer demokratischen Gesellschaftsordnung wohl nicht bleiben, aber jene kann, wie wir gezeigt haben, sehr wesentlich sparsamer erfolgen, als dies vor dem Kriege üblich gewesen ist. Die Vorteile für die Allgemeinheit liegen auf der Hand. Die Ökonomisierung der Werbung und des Vertriebs überhaupt gestattet es, die Preise der Güter und Leistungen zu senken oder die öffentlichen Abgaben entsprechend zu erhöhen, deren Ertrag für volkswirtschaftlich weit nutzbringendere öffentliche Aufgaben verwendet werden könnte. Nach dem größeren Nutzen für die Allgemeinheit zu streben, ist aber ein Gebot der praktischen Vernunft. Die Fähigkeit, alle ihre Gebote restlos zu erfüllen, entscheidet darüber, ob ein vom Schicksal schwer getroffenes und niedergeschlagenes Volk wieder aufstiegsfähig ist oder nicht.

Selbstkosten und Preiskalkulation. Nach der alten Kalkulationsmethode hat man die Fertigungs-(Gestehungs-)kosten zusammengerechnet und dann einen prozentuellen Zuschlag für Generalunkosten hinzugeschlagen, der jahrein jahraus gleichblieb, ohne Rücksicht darauf, ob der Umsatz groß oder klein war. Dadurch erhielt man rechnungsmäßig bei großen Umsätzen in der Hochkonjunktur keine abnormal niedrigen Preise, in der Geschäftsstockung bei geringen Umsätzen keine abnormal hohen Selbstkosten. Da man auf diese Weise in der Hochkonjunktur eine etwas zu große Gewinnspanne sicherte, konnte man Reserven für eine kommende Geschäftsstockung anhäufen, aus welchen man dann auf die Generalkosten während der schlechten Zeit zuschießen konnte.

Nun haben die deutschen Betriebswirtschafter herausgefunden, daß man nach der geschilderten alten Kalkulationsmethode bei mittlerem Geschäftsgang richtige Selbstkosten ausrechnet, nicht aber bei Voll- und Unterbeschäftigung. Sie haben deswegen die sog. Budgetierungsmethode erfunden, nach welcher man zu Beginn jedes Jahres den wahrscheinlichen Umsatz und die wahrscheinlichen Generalunkosten abzuschätzen hat, woraus sich dann jedenfalls ein anderer Zuschlag der Generalunkosten zu den Fertigungskosten ergibt. Auf den ersten Blick scheint diese Methode allerdings eine Verbesserung gegenüber der früheren zu sein, aber sie verleitet doch zu einer Preispolitik, die weder einzelwirtschaftlich noch volkswirtschaftlich zweckmäßig ist. Seither entstand das Problem der „fixen Kosten" und es kam zu mißbräuchlichen Anwendungen des Prinzips. Häufig werden Forderungen auf Bewilligung von Preiserhöhungen auch damit begründet werden, daß der Umsatz gesunken ist, daß man nur mit einem Bruchteil seiner Kapazität arbeite und daß sich deswegen der Anteil der fixen Kosten je Einheit des Erzeugnisses erhöht habe. Und dies wird auch geltend gemacht, wenn der Betrieb Monate oder noch längere Zeit, sagen wir zur Hälfte, stillsteht. Daß dann diese Methode der Kalkulation geradezu absurd wird, daran wird oft nicht gedacht.

Und doch läßt sich der Widersinn leicht erkennen. Setzen wir den Fall, daß ein Unternehmer zwei gleichartige Betriebe von gleicher Kapazität hätte, von denen der eine voll arbeiten, der andere stillstehen würde. Beide Betriebe denken wir uns als kaufmännisch unabhängig voneinander geführt. Wollte nun der Unternehmer dem leitenden Direktor des ersten (voll arbeitenden) Betriebes zumuten, daß er sämtliche Generalunkosten des zweiten (stillstehenden) Betriebes mitschleppen solle, so würde sich der Mann selbstverständlich und mit gutem Recht ganz energisch dagegen wehren. An dieser Überlegung kann sich nichts ändern, wenn man etwa die beiden Betriebe kaufmännisch zusammenlegen würde. Ein Betrieb, welcher stillsteht, kann eben keine Generalunkosten verdienen; der Unternehmer muß sich mit dem dadurch entstehenden Verlust abfinden. Wenn nun in einem und demselben Betrieb die Hälfte der Maschinen stillsteht, so können sie auch keine Generalunkosten verdienen, und der Unternehmer muß sich in gleicher Weise mit dem daraus entstehenden Verlust abfinden; es liegt normalerweise nicht die geringste Berechtigung dafür vor, daß er diesen Verlust auf die Käufer jener Erzeugnisse abwälzt, welche in dem arbeitenden Teil des Betriebes hergestellt werden. Aus dem Gesagten folgt, daß wir — wenn der Betrieb nur mit einem Bruchteil seiner Kapazität arbeitet — zunächst einmal keine Verzinsung des stillstehenden Teils der Anlage und auch keine Zeitabnützung desselben in die für die Kalkulation maßgebenden Generalunkosten einrechnen dürfen, weil wir auf diese Weise ungebührlich hohe Preise erreichen würden. Ebensowenig kommen andere Elemente der Generalunkosten in Betracht, soweit sie auf die stillstehenden Maschinen und auf die unbenützten Gebäudeteile Bezug haben. Das ist für den Unternehmer betrüblich, er hätte aber bei freiem Wettbewerb keine andere Wahl, denn er müßte ja die Preise derer halten, die mit voller Kapazität zu arbeiten vermögen. Während der Epoche der weitgehend von oben gelenkten Wirtschaft, der kontingentierten Verteilung der Aufträge durch Kartelle oder durch behördliche Aufsichtsorgane wurde diese Tatsache verschleiert und eine ungesunde Mentalität der Unternehmer hervorgerufen. Es entstand die Kalkulationspsychose der „fixen Kosten". Diese Psychose darf nicht zur Dauererscheinung werden. Daß die Budgetierungsmethode in der Kalkulation nicht nur einzelwirtschaftlich, sondern auch gemeinwirtschaftlich verkehrt wirkt, läßt sich ebenfalls ohne Schwierigkeit zeigen. Die Hochkonjunkturen werden zum erheblichen Teil dadurch hervorgerufen, daß in oft übertriebener Hast investiert und erneuert wird. Die Geschäftsstockungen sind dadurch charakterisiert, daß sowohl mit Neuinvestitionen als auch mit Erneuerungen übermäßig zurückgehalten wird. Sind nun bei Anwendung der Budgetierungsmethode der Kalkulation die Preise in der Hochkonjunktur anormal niedrig, so werden die Geschäftsleute noch mehr angeeifert, Hals über Kopf zu investieren und zu erneuern. Die selbsttätige Bremse der steigenden Preise infolge großer Nachfrage während der Hochkonjunktur würde versagen. Ebenso schädlich würde die Budgetierungsmethode der Kalkulation auch in der Geschäftsstockung wirken, denn während in dieser Zeit sonst die infolge ungenügender Nachfrage anormal niedrigen Preise zur Wiederbelebung des Geschäftslebens anreizen, kommen nach der Budgetierungsmethode gerade in der Geschäftsstockung übermäßig hohe Preise heraus und dadurch wird die Stockung nur noch verschärft. Der Heiltrieb, der in der Wirtschaft vorhanden ist und Wirtschaftskrisen überwindet, wird durch die Budgetierungsmethode in der Kalkulation abgeschwächt. Außerdem verlieren die Unternehmer ein Interesse daran, eine Vollbeschäftigung ihrer Betriebe zu erreichen, wenn sie durch Kartelle die Aufträge unter sich aufteilen und die Preise so erstellen können, daß sie bei Unterbeschäftigung fast ebensoviel verdienen wie bei Vollbeschäftigung.

Wir stehen vor der Notwendigkeit des Wiederaufbaues und der Wiederherstellung der auf Wiedergutmachungsrechnung demontierten Betriebe. Die Neuausrüstung unseres Produktionsapparates läuft sowieso nur sehr langsam an und ihre Beschleunigung stößt ohnedies auf genügend Hindernisse. Es wäre deshalb unverantwortlich, den Wiederaufbau und die Wiederherstellung unseres Produktionsapparates durch überhöhte Preise aufzuhalten und denjenigen, die mit eigenen Mitteln oder mit Hilfe eigenen Kredits die Kriegszerstörungen zu beheben gewillt sind, ihre Aufgabe noch zu erschweren. Aus diesen Gründen müssen wir namentlich bei der Preiskalkulation von Produktionsgütern vernünftig und konziliant vorgehen und uns damit trösten, daß wir um so rascher zur Vollbeschäftigung in der Er-

zeugung der Produktionsgüter kommen werden, je rascher der Wiederaufbau in Gang kommt.
Der Wettbewerb ist dabei immer der beste und anpassungsfähigste Regulator des Preissystems. Er dürfte im allgemeinen zu vernünftigen Kalkulationsmethoden zwingen. Wir erwähnten bereits an anderer Stelle, daß der Erlös in einer frei schwingenden Wirtschaft eine Funktion der Kaufkraftmenge ist, die etwa nach dem Grenznutzen des Verbrauchers für bestimmte Waren oder Dienstleistungen verfügbar ist. Wird diese Kaufkraftmenge durch hohe Preise eingedämmt, dann muß der Umsatz entsprechend geringer sein, sind die Preise niedriger, dann ist der Umsatz entsprechend höher. In der Krise der Jahre 1931/33 war das eindeutig nachweisbar. In allen straff kartellierten Industrien, die sich in ihren Preisen nicht dem allgemeinen Rückgang des Preisniveaus anpaßten, war der Umsatzrückgang ungleich stärker als in den Industrien, die ihre Preise entsprechend dem allgemeinen Preisfall reduzieren mußten.
Allerdings gibt es für die Preisanpassung Grenzen. In der Gegenwart, in der aus Gründen, die allein in äußeren Umständen (Energiemangel, Rohstoffmangel usw.) liegen und die kein Unternehmer zu vertreten hat, die Kapazitäten fast allgemein unzureichend ausgenutzt sind und sich ein krasses Mißverhältnis zwischen Kosten und Preisen herausgebildet hat, kann es der Gesamtheit der Unternehmungswirtschaft nicht zugemutet werden, mit Preisen zu arbeiten, die zwangsläufig meist zur absoluten Verlustwirtschaft und damit schließlich zum allgemeinen Zusammenbruch führen.

C. Kapitalisierung, Finanzierung und Besteuerung

Die künftige Kapitalisierung. Das künftige Gedeihen eines wirtschaftlichen Unternehmens hängt nun nicht allein davon ab, in welchem Maße es gelingt, die technische Leistung auf den höchstmöglichen Wirkungsgrad zu bringen, die Organisation des Einsatzes der menschlichen Arbeitskraft so weit wie möglich zu verbessern, die Büroarbeit und den Vertrieb zu rationalisieren usw. Der weitblickende Unternehmer muß vielmehr auch dafür Sorge tragen, daß sein Betrieb zweckentsprechend kapitalisiert ist, daß die Finanzierung so vorgenommen wird, daß sich finanzielle Überbelastungen nicht ergeben können, und er muß schließlich auch dahin streben, solche Rechts- und Wirtschaftsformen zu finden, die die Steuerbelastung so gering wie möglich halten.

Die Frage der richtigen Kapitalisierung, die insbesondere bei Kapitalgesellschaften durch die erfolgte Währungsreform zwangsläufig aufgeworfen wird, wird in Zukunft noch schwieriger zu lösen sein, als dies nach der Inflation der Jahre 1919 bis 1923 der Fall gewesen ist. Es entsteht auch diesmal wieder die Notwendigkeit, eine neue Eröffnungsbilanz in der kommenden Währungseinheit aufzustellen und das Eigenkapital der Unternehmungen neu zu bewerten. Eine automatische Abwertung etwa auch von Aktien, GmbH-Anteilen, Kuxen usw. ist wohl nicht zu erwarten, weil es sich hierbei um unmittelbare Sachwertansprüche handelt. Dagegen wird das Problem der richtigen Bewertung aller Aktiven und Passiven wahrscheinlich außergewöhnliche Schwierigkeiten bereiten. Dies wird vor allem dann der Fall sein, wenn neben einer feststehenden Abwertung der Geldvermögensansprüche aus Bargeld, Bankguthaben, Außenständen, aus Warenlieferungen, Dienstleistungen, Lizenzen usw., Hypotheken, Anleihen und anderen festverzinslichen Wertpapieren u. dgl. etwa noch für die gesamten Verluste aus der Abwertung der Geldvermögen, aus Kriegssachschäden, nicht bezahlten Wehrmachtslieferungen, Demontageschäden, Requisitionen usw. Besserungsscheine in der Form von Zertifikaten ausgegeben werden sollen, die unverzinslich sind und keinen festen Rückzahlungstermin aufweisen, für deren Gegenwartsbewertung also so gut wie keine Anhaltspunkte gegeben sind. Bei Unternehmen, die im wesentlichen Umfange und zu einem hohen Prozentsatz ihrer früheren Aktiven solche Verluste aufzuweisen haben — und das ist in den meisten Fällen so —, hängt schon dadurch die künftige Bewertung ihrer Aktiven und Passiven und damit die gesamte Kapitalisierung stark in der Luft.

Nun kommt noch hinzu, daß zum Ausgleich der Geldvermögensverluste, der Kriegssachschäden und Kriegsfolgeschäden hohe Sachvermögensbelastungen mit Sicherheit zu erwarten sind, und daß darüber hinaus einige Zeit nach erfolgter Abwertung möglicherweise auch noch eine Art Kapitalabgabe aus dem dann noch verbliebenen Gesamtvermögen durchgeführt wird, die nicht nur nach der Höhe des Restkapitals, sondern auch nach dem Vermögenszuwachs etwa seit dem Jahre 1935 gestaffelt werden könnte. Wenn man dann noch berücksichtigt, daß bei größeren Gesellschaften sich häufig Vermögensteile etwa in der russischen Besatzungszone befinden, die in der einen oder anderen Form sozialisiert oder kommunalisiert worden sind, dann ist es in der Tat unerfindlich, welche Werte bei einem Unternehmen für die Gesamtmasse seiner Vermögensbestandteile und seiner Verpflichtungen zugrunde gelegt und wie in einer Eröffnungsbilanz Eigenkapital und offene und stille Reserven, Rückstellungen usw. angesetzt werden sollen.

Diese Aufgabe ist um so schwieriger, als die Grundlagen der künftigen Bewertung in keiner Weise vorhergesehen werden können, denn diese Werte hängen in erster Linie von den künftigen Erträgen ab, sie bestimmen sich aber auch durch die Höhe, die der Landeszinsfuß haben wird. Es handelt sich hier also um Gleichungen mit zahlreichen Unbekannten, für die es nicht einmal die wesentlichsten Ansätze gibt, um sie lösen zu können. Kein Unternehmer weiß genau, wieviel ihm heute sein Hauptpartner, nämlich die öffentliche Hand, von seinem Ertrag und von seiner Substanz nehmen wird. Er kann nur damit rechnen, daß der Staat als „stiller Teilhaber" außerordentlich stark in Ertrag und Substanz eingreifen wird und daß, je geringer sein Erlös aus dem Ertrag ist, er um so stärker auf die Unternehmersubstanz zurückgreifen wird. Ob gegenüber den exorbitanten Steuerbelastungssätzen vor der Währungsreform, die erst die ganze Schärfe einer solchen Belastung zutage treten ließ, noch eine weitere wesentliche

Milderung durch eine Steuerreform zu erwarten steht, muß ihm zweifelhaft erscheinen. Er weiß ferner heute nicht, in welchem Umfange es ihm die künftige Preispolitik gestattet, seine Produktionskosten im weiteren Sinne aus den Erlösen hereinzubringen, zumal auch von der Lohnseite her mit einem erheblichen Druck auf die Erlöse gerechnet werden kann.

Es ist also eine völlig offene Frage, wie künftig selbst die noch vorhandenen Anlagen und sonstigen Aktiven bewertet werden sollen, ganz zu schweigen von den in irgendeiner Weise vernichteten oder weggefallenen Vermögensbestandteilen. Ein Zurückgreifen etwa auf die Anschaffungswerte der Zeit vor dem Kriege wird in den meisten Fällen nicht möglich sein, zumal auf die Dauer mit nicht unerheblichen Veränderungen des gesamten Preisgefüges gerechnet wird. Es wird deshalb auch bei der Bemessung des künftigen Eigenkapitals nichts anderes übrig bleiben, als labile Übergangsregelungen zu schaffen, die eine Anpassung an spätere Verhältnisse ermöglichen. Vielleicht sollte man den im Jahre 1924 gemachten Vorschlag von Prof. Schmidt, eine Entwertungsreserve in der Bilanz zu bilden, die erst dann mit dem Eigenkapital verrechnet wird, wenn später eine gewisse Stabilität der Preise, Werte, der Zinsen, der Produktion und des Absatzes erkennbar ist, in der Zukunft anwenden, nachdem ein solcher Vorschlag nach der Stabilisierung von 1923 nicht in die Tat umgesetzt worden ist.

Sicherlich werden Unternehmungen, namentlich Kapitalgesellschaften, bei der künftigen Kapitalisierung äußerste Vorsicht anwenden, und das ist angesichts der trüben Aussichten der deutschen Wirtschaft auch verständlich. Sie werden dabei allerdings doch nicht zu weit gehen dürfen, weil sie sich und ihren Belegschaften bei Übertreibungen in bezug auf die künftige Finanzierung, die, wie wir sahen, Aufgaben von außerordentlicher Größenordnung mit sich bringen wird, sonst erheblich schaden könnten. Sie müssen damit rechnen, daß eine Selbstfinanzierung größeren Umfangs, wie sie in den letzten Jahrzehnten in fast ständiger Steigerung möglich war, auf wesentliche Schwierigkeiten stoßen wird, weil aus den laufenden Erträgen dafür kaum noch Mittel verfügbar sein werden. Ein Betrieb wird eine gewisse Selbstfinanzierungsmöglichkeit nur noch dann erreichen können, wenn es ihm gelingt, durch zweckmäßigste Organisierung aller Produktivkräfte einen Ertrag herauszuwirtschaften, der über dem Durchschnittsertrag von Unternehmen gleicher Gattung liegt, und wenn die Steuer ihm zum mindesten einen Teil dieses Differentialgewinnes beläßt. In wesentlich höherem Grade als zu normalen Zeiten werden also die Unternehmen zur Durchführung ihrer ungewöhnlich hohen Investitionsaufgaben auf die Heranziehung neuen zusätzlichen Eigenkapitals oder von Fremdkapital angewiesen sein.

Probleme der Finanzierung. Nun wird aber eine **Kapitalerhöhung** etwa bei einer Aktiengesellschaft bei der geringen Tragfähigkeit des künftigen Kapitalmarktes nur dann erfolgreich durchgeführt werden können, wenn in diesem Falle der Aktionär mit einer Rente rechnen kann, die sich angesichts des Risikos jeder Aktienbeteiligung etwas höher stellt als der landesübliche Zinssatz, wie er etwa bei erstklassigen festverzinslichen Wertpapieren erzielt werden kann. Von diesem Standpunkt aus gesehen wird es deshalb in der Zukunft namentlich für Kapitalgesellschaften, aber auch bezüglich der Gewinnung kapitalstarker Partner in Einzelunternehmungen und anderen Personalgesellschaften von größter Wichtigkeit sein, die Kapitalisierung eines Unternehmens so durchzuführen, daß in Zukunft möglichst weder eine größere Unterkapitalisierung noch eine größere Überkapitalisierung stattfindet, daß also die zu erwartenden Erträge nicht in einem ausgesprochenen Mißverhältnis zu dem zu verzinsenden Eigenkapital stehen. Nur dann kann z. B. bei Aktiengesellschaften ein Stand der Aktienkurse erreicht werden, der eine Kapitalerhöhung in der Praxis gestattet, der auch auf der anderen Seite die Belastung aus den zu zahlenden Dividenden mit den zu erwartenden Erträgen in eine gewisse Übereinstimmung bringt.
Man wird also die Vorsicht bei der kommenden Kapitalisierung auch nicht allzuweit treiben dürfen, wenn man sein

Unternehmen unter äußersten Anstrengungen wieder in die Höhe bringen will. So berechtigt auch ein äußerster Pessimismus zu sein scheint, so darf man doch nicht vergessen, daß in der künftigen Entwicklung gegenüber der Gegenwart gewisse Chancen liegen. Wenn die deutsche Wirtschaft auf die Dauer leben will, dann muß sie so schnell wie möglich zu einer vollen Ausnutzung ihrer jetzt noch vorhandenen Produktionsmittel gelangen, dann werden aber auch die fixen Kosten namentlich in den kapitalintensiven Wirtschaftszweigen erheblich sinken und das Verhältnis zwischen Kosten und Erlösen wird dann eine Besserung erfahren. Wenn nicht in der Umstellung und in der späteren Wirtschaftspolitik grobe und die Existenz der Wirtschaft bedrohende Fehler gemacht werden, wenn also nach unseren im ersten Teil dieser Arbeit gemachten Darlegungen die wirtschaftliche Vernunft sich in der Währungspolitik, in der Kreditpolitik, in der Preispolitik, der Lohnpolitik und nicht zuletzt in der Steuerpolitik durchsetzt, dann kann die Wiederherstellung einer normalen Ertragsfähigkeit der Unternehmungen in absehbarer Zeit erwartet werden. Daß dabei die Bäume nicht in den Himmel wachsen, damit kann man ohnehin mit ziemlicher Sichrheit rechnen.

Es ist unmöglich, angesichts der Ungewißheit aller bestimmenden Faktoren in diesem Rahmen noch weitere Andeutungen und Richtlinien zu geben. Auf jeden Fall aber wird es sich lohnen, alle Anstrengungen in den Unternehmungen darauf zu konzentrieren, den Betrieb unter den obwaltenden Umständen so rationell wie möglich zu gestalten, um für den Wiederaufbau aus sich selbst heraus Mittel zu gewinnen, in der Aufnahme von Fremdkapital größte Vorsicht walten zu lassen, um die Belastung für Zinsen, Rückzahlung oder Tilgung möglichst gering zu halten, das Produktionsprogramm auf den dringendsten Gesamtbedarf abzustellen und dabei dem Export größte Aufmerksamkeit zu widmen. Geschieht dies, dann werden auch die besten Voraussetzungen für die Kreditwürdigkeit eines Unternehmens gegeben sein und um so leichter werden dann die Bedingungen gehalten werden können, zu denen zusätzliches Kapital, sei es Eigenkapital oder Fremdkapital, aufgenommen werden kann. Soweit bei der Finanzierung die Aufnahme von Fremdkapital unumgänglich oder zweckmäßig erscheint, wird man auf die richtige Form solcher Kredite besonders acht geben müssen. Für reine Umlaufskredite, die nach der jeweiligen Absatzlage aus den Erlösen der Produktion mit Sicherheit wieder abgedeckt werden können, können unbedenklich nach wie vor kurzfristige Kredite in Anspruch genommen werden, die durch Wahl der Wechselform dann auch billig gehalten werden können. Dagegen wird mehr als jemals in der Vergangenheit äußerste Vorsicht mit der Methode geübt werden müssen, reine Investitionskredite zunächst kurzfristig aufzunehmen, in der Hoffnung, sie in Kürze fundieren, d. h. durch langfristige Kredite in Anleiheform usw. ablösen zu können. Bei der künftigen Unausgeglichenheit unserer strukturellen und konjunkturellen Wirtschaftsbedingungen und bei der auf lange Jahre zu erwartenden Unergiebigkeit des Kapitalmarktes, der auf schmaler Basis wesentlichen Schwankungen unterworfen sein wird, kann nicht dringend genug vor Finanzierungsmethoden gewarnt werden, die in normalen Zeiten einer relativ reichen Wirtschaft durchaus ungefährlich waren, die aber in der verarmten und niedergebrochenen Wirtschaft der nächsten Zeit für viele Unternehmen tödlich werden können.

In der Regel wird das Kreditproblem ausschließlich vom Standpunkt des Kreditgebers aus behandelt und diese Behandlung ist naturgemäß immer einseitig. So hören wir z. B. gerade in dieser Zeit sehr häufig, „daß die Kreditkosten neben den Steuern nur eine geringe Rolle in den Selbstkosten der Produktion spielen". Eine solche Betrachtung ist sehr irreführend, denn die Steuersätze, wie hoch sie immer sein mögen, können gegebenenfalls wohl Rentabilitäten zerstören, sie haben aber nicht den geringsten Einfluß auf den Rechnungszinsfuß im Rentabilitätskalkül. Das ist dagegen bei den Kreditkosten in hohem Maße der Fall und bei ihrer Verteuerung würde über kurz oder lang auch der Rechnungszinsfuß für Rentabilitätskalkulationen entsprechend hinaufgesetzt werden müssen. Das aber hat unbedingt schwere volkswirtschaftliche Nachwirkungen.

Es ist jedem Betriebswirt klar, daß bei einer Herabsetzung des Zinsfußes für Rentabilitätsrechnungen eine ganze Reihe von Möglichkeiten errechnet wird, neue rentable Betriebe zu errichten, die vor der Herabsetzung des Rechnungszinsfußes als unrentabel hätten bezeichnet werden müssen. Umgekehrt ist man durch Kreditverteuerung gezwungen, den Zinsfuß für die Rentabilitätskalkulation zu erhöhen. So werden alle Betriebe, in denen bisher sog. Grenzerzeugung vorlag, d. h. solche mit sehr knapper Rentabiliät, sofort unrentabel und verfallen über kurz oder lang der Stillegung. Aus ähnlichen Gründen wird durch niedrige Kreditkosten der private Unternehmungsgeist angefacht, durch hohe Kreditkosten dagegen eingeschüchtert und eingedämmt.

Nun seien noch kurz die verschiedenen Kreditformen besprochen, die für die Betriebsführungen in Betracht kommen. Zu normalen Zeiten bestanden die billigsten Betriebskredite in jenen Rohstoffkrediten, die in der Form von Rembourstratten, namentlich solchen über angelsächsische Großhandelsplätze, gewährt worden sind. Es muß angestrebt werden, diese Kreditform so bald als möglich wiederherzustellen. Als nächstbillige Kreditquelle kommen die Portefeuillestratten in Betracht, welche man von seiner Kundschaft für Lieferungen und Leistungen als Bezahlung erhalten und weitergegeben hat. Während des Krieges ist das Zahlen mit Tratten stark abgekommen, weil in Anbetracht der großen Liquidität aller Unternehmungen die Barzahlungen üblich waren. Das ist schon jetzt teilweise anders geworden und es dürfte sich noch mehr ändern, wenn die Friedenswirtschaft ins normale Geleise kommt, und namentlich seit durch eine Währungssanierung die frühere Liquidität der Unternehmungen stark beschränkt worden ist. Man muß dann trachten, zum Wechselverkehr zurückzufinden, denn jede andere Form des Betriebskredits ist erheblich teurer, ganz gleich, ob Kredit gegen Zession von offenen Buchforderungen oder in Gestalt eines offenen Kontokorrentkredits aufgenommen wird.

Billiger ist freilich der Hypothekarkredit, aber auch er darf in der Regel nur für dauernde Investitionen und Betriebserweiterungen in Anspruch genommen werden, wozu kurzfristige Kredite niemals verwendet werden sollen, auch dann nicht, wenn sie revolvingartig immer wieder erneuert werden.

Anpassung an die Steuerbelastung. In der nationalökonomischen und betriebswirtschaftlichen Literatur findet man Gesichtspunkte der Besteuerung der Wirtschaftsbetriebe entweder überhaupt nicht oder nur sehr stiefmütterlich behandelt. Sie geht in der Regel von längst überholten Verhältnissen aus, in denen die Besteuerung gering war und so gut wie keinen Einfluß auf die Betriebspolitik ausübte. Mit der außerordentlichen Erhöhung der Steuerlasten, wie wir sie eingangs an einigen Beispielen feststellten, ist darin ein grundlegender Wandel eingetreten. Heute gehört es mit zu den wichtigsten Aufgaben des Unternehmers, der Steuerbelastung stärkste Beachtung zu schenken und sich ihr in der besten Weise anzupassen. Das richtige Verhalten im Hinblick auf die Besteuerung kann unter Umständen über den Unternehmungserfolg schlechthin entscheiden. Das wird vielfach auch in Zukunft der Fall sein, denn wir haben bereits ausgeführt, daß eine wesentliche Minderung der Steuerlast vorerst nicht zu erwarten ist. Es genügt auch nicht, sich nur einmal grundsätzlich mit dem Problem der Besteuerung zu befassen. Die gesamte Steuergesetzgebung ist noch so sehr im Fluß, daß in dieser Beziehung meist ständig neue Entscheidungen getroffen werden müssen, will man überflüssige Mehrbelastung vermeiden. Dabei erstrecken sich die Auswirkungen der Besteuerung auf fast alle Bereiche der unternehmerischen Betätigung, ganz gleich, ob es sich dabei um Fragen der Ersatz- und Neuinvestition, der Vorratshaltung, des Umsatzes und des Vertriebes, der Kapitalisierung, der Finanzierung, der Wahl der Unternehmensform usw. handelt.
Nach den gegenwärtig geltenden Steuergesetzen des Kontrollrats, die bisher nur hinsichtlich der Tabaksteuer einer Revision unterworfen sind, werden gewerbliche Einkünfte grundsätzlich um 10% höher belastet als Einkommen aus Lohn und Gehalt und aus freien Berufen. Dabei ist man

offenbar von dem Gedanken ausgegangen, daß gewerbliche Einkünfte „fundiertes Einkommen" darstellen und deshalb stärker belastet werden sollten. Dies entspricht aber heute nicht mehr den wirtschaftlichen Erfordernissen, denn einmal ist im gewerblichen Einkommen der zu erarbeitende Unternehmerlohn enthalten, zum anderen ist der Kapitaleinsatz gerade in der sehr ungewissen Zukunft mit einem erheblichen Unternehmerrisiko verbunden, das auch bei der Besteuerung berücksichtigt werden sollte. Hinzu kommt, daß der sog. „steuerliche Gewinn" in keiner Weise dem betriebswirtschaftlich richtigen Gewinn entspricht. Er läßt z. B. keine Rückstellungen für unterlassene Reparaturen, für Gewerbesteuern usw. zu, um nur einige von verschiedenen notwendigen Korrekturen anzuführen. Bei der Gewinnabführung ab 1943 ist dieser Tatsache insoweit Rechnung getragen worden, als die Differenz zwischen dem betriebswirtschaftlich richtigen Gewinn und dem steuerlichen Gewinn mit 10% des steuerlichen Gewinns anerkannt worden ist. Künftig sollte auch in den Einkommen- und Körperschaftsteuerbestimmungen auf den betriebswirtschaftlich richtigen Gewinn mehr Rücksicht genommen werden. Denn der Erfolg der unternehmerischen Bemühungen drückt sich letzten Endes in dem nach Abzug aller Steuern und Lasten verbleibenden Verfügungsgewinn aus, der heute bei Berücksichtigung aller betriebswirtschaftlichen Erfordernisse nur noch in den seltensten Fällen vorhanden ist. Der Unternehmer, ganz gleich, ob er ein kleiner selbständiger Gewerbetreibender oder ein Großindustrieller ist, steht heute hinsichtlich der verbleibenden Verfügungsbeträge durchweg ungleich schlechter da als ein unselbständiger Gehaltsempfänger in gleicher Position, eine Tatsache, die nicht geeignet ist, die Risikofreudigkeit der Unternehmer im weitesten Sinne zu fördern.

Nun muß der Unternehmer aber auch Kapital einsetzen, das den hohen Sätzen der Vermögensteuer unterworfen ist. Die gesetzlichen Bestimmungen sind dabei zunächst so ausgelegt worden, daß die Vermögensteuer bei der Berechnung der Einkommensteuer nur als Sonderleistung, d. h. in Steuerklasse I nur bis zum Höchstbetrage von 300 RM, abzugsfähig ist. Ausgehend von der Praxis der britischen Zone hat man nun zwar die Vermögensteuer generell als abzugsfähig bei der Einkommensteuerberechnung erklärt, aber eine definitive Entscheidung des Kontrollrats liegt darüber bei Abfassung dieser Zeilen noch nicht vor, so daß nach wie vor die Gefahr besteht, daß die Vermögensteuer schließlich doch nicht abzugsfähig ist und erhebliche Steuernachzahlungen zu leisten sind. Geht man aber von diesem ungünstigsten Falle aus, dann ist es bei allen Personalunternehmungen schlechterdings unmöglich, einen Verfügungsgewinn zu erzielen, der dem Nettoeinkommen eines etwa entsprechenden Gehaltsempfängers entspricht. Das ist selbst dann nicht der Fall, wenn man versucht, durch eine Umsatzsteigerung, sagen wir auf das Doppelte, oder noch mehr, die Lage zu verbessern. Denn eine solche Umsatzsteigerung ist fast immer nur durch entsprechend höheren Kapitaleinsatz durchführbar, der dann wieder der Vermögensteuer unterworfen ist. In dem genannten Falle verringert sich mit zunehmendem Kapitaleinsatz die Chance, überhaupt noch einen freien Überschuß zu erreichen. Der Druck der Vermögensteuerbelastung würde also, falls es bei der gegenwärtigen Praxis schließlich doch nicht bleiben sollte, deshalb besonders stark sein, weil heute im Zeichen von Engpässen auf der ganzen Linie eine beliebige Erhöhung der Umschlagsgeschwindigkeit aus Gründen, an denen die Unternehmer keine Schuld haben, überhaupt nicht möglich ist, sondern im Gegenteil der Kapitalumschlag von früher durchschnittlich ein- bis zweimal im Jahre auf bestensfalls 50 bis 100% gesunken ist. Bei Unternehmern, die ihre Erzeugung ohne größeren Kapitaleinsatz nicht durchführen können, bliebe im Falle endgültiger Nichtabzugsfähigkeit der Vermögensteuer nichts anderes übrig, als nicht nur ihren vollen Lebensunterhalt, sondern auch noch einen erheblichen Teil der Steuern aus der Substanz zu zahlen. Darin läge auch volkswirtschaftlich eine schwere Gefahr. Zwangsläufig würden dann nämlich die in den Erlösen mitverdienten Abschreibungsbeträge aufgezehrt werden und für die Erneuerung des Sachkapitals dann nicht mehr verfügbar sein. Das würde aber bedeuten, daß die noch unzerstörten Reste unseres Produktionsapparates einem weiteren ständigen Verfall aus Gründen einer fehlerhaften Besteuerung ausgesetzt würden.

Wie auch immer in der künftigen Steuergesetzgebung entschieden wird, der Unternehmer wird sich ständig überlegen müssen, welche Gesellschaftsform für ihn aus steuerlichen Gründen die zweckmäßigste ist. Wenn gegenwärtig eine ausgeprägte Flucht aus der Personalgesellschaft in die Kapitalgesellschaft — und hier vor allem in die G. m. b. H. — festzustellen ist, so spielen dafür steuerliche Gesichtspunkte eine erhebliche Rolle. Denn die Steuersätze für Körperschaften sind lange nicht in dem Ausmaß wie bei Personenunternehmen heraufgesetzt worden, schon mit Rücksicht darauf, daß ja die Ausschüttungen der Kapitalgesellschaften beim Empfänger nochmals der Einkommensteuer unterliegen, im Falle von Ausschüttungen also eine Doppelbesteuerung stattfindet. Auch ist die Vermögensteuer bei Kapitalgesellschaften uneingeschränkt und endgültig als Betriebsausgabe abzugsfähig. (Dies bedeutet allerdings nicht immer, daß eine doppelte Belastung mit Vermögensteuer vermieden wird. Weist eine Kapitalgesellschaft für länger als zwei Jahre Verluste aus und verliert sie damit den Verlustvortrag, dann muß sie die Vermögensteuer aus der Substanz bezahlen).

Immerhin zeigen Belastungsvergleiche, daß die Kapitalgesellschaft im Verhältnis zu einem Personenunternehmen in der Regel günstiger dasteht. Das ist vor allem dann der Fall, wenn die Kapitalgesellschaft in der Lage ist, auf Gewinnausschüttungen — falls überhaupt etwas auszuschütten ist — längere Zeit zu verzichten. Dies wird allerdings nicht immer möglich sein, denn ein solcher Verzicht setzt voraus, daß entweder die Gesellschafter persönlich über eine ausreichende Substanz oder ein anderweitiges Einkommen verfügen, um daraus neben der Deckung ihres Lebensunterhaltes auch ihre Vermögensteuer bezahlen zu können, oder daß bei Aktiengesellschaften in dieser Zeit kein Erfordernis besteht, eine Kapitalerhöhung durchzuführen und deshalb den Emissionskredit durch

Ausschüttungen zu heben. Ferner ist zu berücksichtigen, daß sich durch Nichtausschüttung von Gewinnen die Bewertung der Anteile für Vermögensteuerzwecke entsprechend erhöht und damit auch die von den Gesellschaften zu tragende Vermögensteuer. Belastungsvergleiche lassen erkennen, daß Kapitalgesellschaften, die ihren Gewinn entweder ausschütten wollen oder müssen, steuerlich vielfach schlechter gestellt sein werden als Personengesellschaften. Dagegen ergibt sich bei Nichtausschüttung eine wesentlich geringere Belastung als bei Personenunternehmen.

Auch unter den heutigen und künftigen Bedingungen der Besteuerung ergibt sich, daß Unternehmen, die im Aufbau begriffen sind und die daher ihre Überschüsse für die Erweiterung des Betriebes einsetzen müssen, besser fahren, wenn sie die Form einer Kapitalgesellschaft haben. Umgekehrt werden Gesellschaften, die ihre Gewinne ausschütten müssen oder wollen, in der Regel zweckmäßig die Form einer Personengesellschaft aus steuerlichen Gründen wählen. Ist für den Betrieb kein hohes Kapital erforderlich und sind die Hauptgesellschafter selbst im Betrieb tätig, so daß das Unternehmen außer den Geschäftsführergehältern keine oder keine wesentlichen Ausschüttungen an die Gesellschafter zwecks Deckung des Lebensunterhalts und Zahlung der Vermögensteuer vornehmen muß, dann empfiehlt sich aus steuerlichen Gründen die Form einer Kapitalgesellschaft. Bei Großbetrieben ist zu überlegen, ob die Form der Aktiengesellschaft, der G. m. b. H. oder der Kommanditgesellschaft auf Aktien vorteilhaft ist.

Selbstverständlich kann man generelle Richtlinien darüber, welche Unternehmungsform steuerlich zweckmäßig ist, nur unter Vorbehalt aufstellen, da die wirtschaftlichen, finanziellen und personellen Verhältnisse jeweils sehr unterschiedlich sein können. Überdies ist die Wahl der Gesellschaftsform ja keineswegs allein von steuerlichen Gesichtspunkten abhängig, da daneben auch zivilrechtliche, handelsrechtliche, gesellschaftsrechtliche und sonstige Auswirkungen zu beachten sind. Es kann auch sein, daß sich die Verhältnisse bei einer Reform des Steuersystems schnell und grundlegend ändern.

Für die Finanzierung von Kapitalgesellschaften und vor allem von Aktiengesellschaften ist die Auswirkung der Besteuerung, falls sie nicht grundlegend geändert wird, künftig von wesentlicher Bedeutung. Wir erwähnten bereits, daß bei Nichtausschüttung von Überschüssen emissionspolitische Nachteile entstehen können. Aber auch für den Fall, daß Ausschüttungen erfolgen, werden Aktionäre mit höheren Kapitalbeteiligungen bei Beibehaltung der gegenwärtigen Vermögensteuer so stark belastet sein, daß nicht nur ihre Erträge aus dem Aktienbesitz, aus G.m.b.H.-Anteilen usw. durch die Einkommen-, Vermögen- und Kirchensteuer restlos absorbiert werden können, sondern daß sie sogar noch auf ihre Vermögenssubstanz zurückgreifen müssen. Dadurch kann die Neigung zur Abstoßung solcher Kapitalbeteiligungen erheblich werden, einen scharfen Druck auf die Kurse auslösen und damit künftig an sich wenig leistungsstarkem Kapitalmarkt die Finanziernug durch Kapitalerhöhungen gefährden. Solche Gesellschaften werden deshalb gut tun, die Placierung ihrer Aktien bei einer großen Zahl von Kleinaktionären zu fördern und auch eine entsprechende Stückelung vorzunehmen, denn bei den Kleinaktionären mit niedrigem Durchschnittseinkommen ist die steuerliche Belastung ungleich geringer. Im ganzen muß jedoch angestrebt werden, diese steuerlichen Auswirkungen, die der Kapitalaufnahme ebenso abträglich sind wie der Selbstfinanzierung, durch eine beträchtliche Milderung der Steuersätze zu beseitigen, da sonst die für den Wiederaufbau erforderlichen Kapitalien unmöglich aufgebracht werden können.
Eine erhöhte Bedeutung und Ausdehnung dürften die Erwerbs- und Wirtschaftsgenossenschaften der Landwirtschaft und des Handwerks bekommen, bei denen es möglich ist, mit einem Minimum an eigenem Geldkapital auszukommen, wenn irgendeine der größeren landwirtschaftlichen oder gewerblichen genossenschaftlichen Kreditkassen oder ein Zentralverband dahinter steht. Man kann es bei solchen Erwerbs- und Wirtschaftsgenossenschaften so einrichten, daß die Doppelbesteuerung fast gänzlich entfällt. Es wird den kleinen und mittleren Landwirten und Gewerbe-

treibenden sehr zu empfehlen sein, sich dieser Einrichtungen im weitgehendsten Maße zu bedienen. Dann werden wenigstens diese breiten werktätigen Volkskreise die hemmende Wirkung der Währungsreform bald überwunden haben und auch durch den Steuerdruck nicht so eingeengt sein wie die größeren Kapitalgesellschaften und Einzelunternehmer.

In diesem Zusammenhang sollte auch den Bestrebungen Rechnung getragen werden, die darauf abzielen, Unternehmen, die im Zuge des Wiederaufbaues Neuinvestierungen oder Ersatzbeschaffungen vornehmen, eine steuerliche Bewertungsfreiheit einzuräumen. In verschiedenen Zonen, so in der französischen und in der britischen, sind bereits diesbezügliche konkrete Vorschläge gemacht worden. Teilweise wurde vorgeschlagen, die Abschreibungsmöglichkeiten nur bis auf 50% der aktivierungspflichtigen Aufwendungen zu beschränken, die Bewertungsfreiheit nur auf das bewegliche Anlagekapital (Maschinen und Geräte), nicht jedoch auf Gebäude zu erstrecken, und eine solche Bewertungsfreiheit auch nur für solche Ersatzbeschaffungen einzuräumen, die ihre Ursache in Kriegssachschäden, Reparationslieferungen usw. haben. Es ist richtig, daß vor der Währungsreform solche Maßnahmen nicht zweckmäßig erschienen. Seither aber könnte der Wiederaufbau durch ein großzügiges System von Bewertungsfreiheiten gefördert werden, ohne daß der öffentlichen Hand auf die Dauer dadurch Steuermittel entzogen werden.

www.ingramcontent.com/pod-product-compliance
Lightning Source LLC
LaVergne TN
LVHW042245300926
849161LV00003B/469

* 9 7 8 3 4 8 6 7 7 6 9 2 8 *